神田教授の
商品企画ゼミナール

Neo P7 ヒット商品を生むシステム

神田 範明 〔著〕

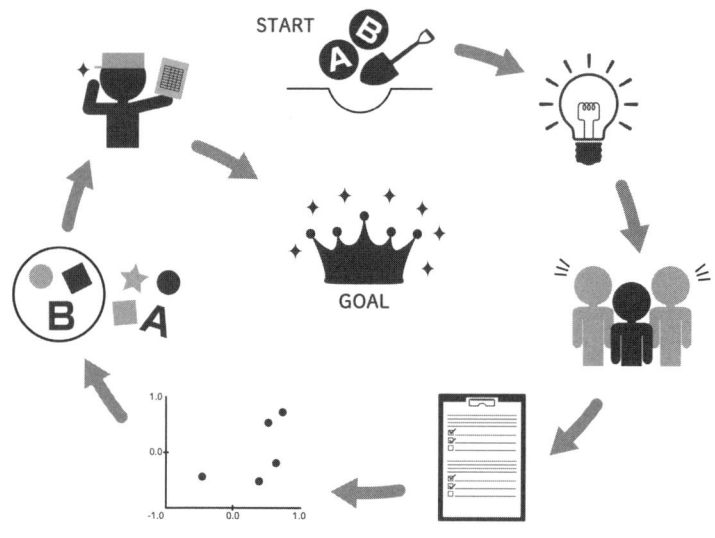

日科技連

まえがき

◆なぜあなたの会社は，ヒット商品を出せないのか？
　なぜあなたの会社ではヒット商品を出せないのでしょうか．世間にはヒット商品を出している会社がいくつもあるのに，あなたの会社ではなぜそれができないのでしょうか．トップは「やる気がない」とか「いい人材がいない」とか言うでしょうが，そんなはずはありません．みんな頑張っているではありませんか．夜遅くまで議論し，たくさん情報を集め，一生懸命検討しています．他社よりもやる気がないなんてありえません．人材が劣っているのでしょうか．いえいえ，そんなこともありません．人事が必死になって選りすぐった社員ですから．
　ではトップの責任でしょうか．小さな会社ですと，これはありえます．何事もトップの決断で変わるのですから．でも，大きな会社になりますと，やはり，売れる商品を出すのは企画・開発などのスタッフの責任です．たしかに，トップの経営方針や戦略で組織が変わり，職場の雰囲気や環境も変化しますが，それですぐにヒット商品が出る，ということにはなかなかなりません．

◆やり方の悪さがすべての根源
　では正解は何でしょうか．答えは実に簡単です．**やり方が悪いからです**．すべてはやり方の問題です．しかも，手法そのものと，手法のつながりの２つがともに悪いのです．詳しくは本文を読んでいただくとして，決して組織の問題，経営方針や戦略の問題ではありません．それが証拠に，本書で述べる方法を活用して成功した会社は類似のパターンをもっていません．実にさまざまです．ただ，次のような意味で似た悩みを抱えていました．皆さんの会社が以下のいずれかに該当するなら，逆に，本書によって大いにヒントを得て，大ブレイクに向かえると思います．

　　• 過去において時折ヒット商品を出してきたが，それが決して連続せず，

うまくいく・いかないの波がある（ばらつきが大きい）．
- 個人の経験と勘，ひらめきで商品企画が行われてきた．そのため優秀なスタッフが担当したときはヒット商品が出る．
- 技術志向である．技術的には優れていて，特許も多数取得し，優秀な技術者を採用している．ただし，顧客の意見を十分に吸収したり検討するシステムができていない．社内にある「使える技術」からものを生みがちであるため，顧客志向とはいえない．
- 低コスト，短納期を目標に商品を企画している．高価値の商品を目指していない．
- B to Bの場合，納入先に言われるがままに設計・製造しており，独自の提案を出そうとしない．また，そのような経験もない．

多くの会社はこの複数に該当しているのではないかと推察します．いずれも，**やり方が下手**なだけなのです．上手な方法を理解し，覚えて実行すれば，どんな会社でもヒット商品を出せます．実に簡単なことです．

◆良いやり方は10人の会社でも34万人の会社でも同じ

なぜ，私のような（企業人でもない）大学教員がこれほど大胆に断言できるのでしょうか．それは過去のたくさんの経験によります．最近，私が指導した最小の会社はわずか10人の美容院です．接客サービスのミニ会社．そこで新サービスの創造を目指して奮闘しました．最大の会社は34万人のサムスン電子．世界を代表する超巨大企業です．規模も業種も扱う商品もまったく異なりますが，私の指導方法や接する態度はほとんど変わりません．本質的に変えようがないからです．「良いやり方」は論理がしっかりしているため，それほどいろいろなバリエーションの必要がないし，驚くほど汎用性のあるものなのです．もちろん会社は多様な人間の組織ですから，そのやり方をどのように受け止め，どのように消化し，どのように展開するかは会社の実情により差異が出ますが，基本的な考え方はまったく同一です．

また，私は大学教員であるがゆえに，どこからも中立的な立場，客観的な立場で見て，判断できます．特定の産業，特定の企業グループに何の関係も恩義もありません．通常のコンサルタントとは異なり，研究のため，ゼミ生のため

に無報酬で貢献することもあります．その企業に物申すために，あえて「特に愛着をもたない，厳しい一般消費者」の立場を貫くことが多々あります．ですから，平気で開発責任者にも，社長にも，物を言えます．

◆本書の特色

本書の特色は次のとおりです．

① どんな業種・規模でもできます！

　考え方とやり方を述べた本ですから，応用は無限といってよいでしょう．私が接したのは消費財製造業，生産財製造業，サービス産業ですが，後で解説するように多少ニュアンスの差は出ますが，基本は同一です．前述したように，10人でも34万人でも規模を問わず十分に活用できます．当然，農林水産業でも可能です．

② あなたでもできます！

　商品企画を目指す人なら，出身が事務系・営業系・技術系などを問わず，どなたでも活用できます．科学的な手法ですから，理系出身の人のほうが多少理解が早いのですが，まあ，実践の場面では大差ありません．必要なのは少しの知的好奇心と，向上心です．

③ 難しいことをやさしく！

　実は非常に深い，高度な手法をさらっと簡単そうに書いています．目標は日本中の企業，いや，世界中の企業がこれによりハッピーになることですから，難しいこともやさしく解説します．

④ 実証された日本発の手法

　日本人が提案し，何十もの事例で証明され，どんどん皆が使いつつある手法はそうはありません．日本発というとQC（品質管理）が世界的に普及していますが，マーケティング系はあまり例がありません．

⑤ 無償ソフトウェアを公開

　P7（商品企画七つ道具）には仮説の検証やコンセプトの決定のためにどうしても分析的なツールが必要です．そのために「P7かんたんプランナー」という強力かつ簡便なソフトウェアを開発し，無償で皆様に提供します．詳しくは，**第11章**をご覧ください．

⑥ 相談に応じます

　直接，私の研究室のWebサイト http://www.kan-semi.com/ から無料で質問・相談に応じます．限られた紙数ではお話しできないことも多々ありますので，どうぞ遠慮なくお寄せください．産学協同研究のチャンスもあります．

　本書により皆さんの会社が「ヒット商品を出せる」会社に変貌を始めることを期待します．本書は変貌への道案内書ですから，手法の細部までは伝え切れません．したがって，確約はしかねますが，

- まったくヒット商品を出せない会社なら，「ヒット商品を出す考え方がわかった！」
- 多少ヒット商品を出してきた会社なら「もっとヒット率を上げる方法を見出せた！」
- けっこうヒット商品を出してきた会社なら「100％ヒット商品を出す常勝のシステムを構築できそう！」

となることを目指します．では，私と一緒にヒット商品創造会社への道をたどることにいたしましょう．

　本書執筆にあたり，神田研究室大学院OBの小久保雄介氏には第3章の仮説発掘アンケートで研究成果を提供いただき，同じく浅野瑛太氏には第10章の事例の執筆に協力いただきました．この場を借りて感謝申し上げます．また，イメージどおりのイラストを描いてくれたわが娘・神田絵里，そして細部にわたり粘り強く編集の労をとっていただいた鈴木兄宏氏に心より謝意を表します．

　お陰様で商品企画の世界に新たな一石を投じることができました．この波紋がさざ波で終わるか，ビッグウェーブとなるか，自身の企画力が問われるところです．これを機に読者の皆様から忌憚のないご意見・ご質問をいただき，完成度を高めさせていただければ誠に幸いです．

2013年7月

　　　　　　　　　　　　　　　　　　　　　　　　　　神　田　範　明

お読みになる前に

◆「製品」ではなく「商品」です

　本書では「製品」という言葉を意図的に排除し，すべて「商品」で統一しています．製造品のみを対象とせず，サービス・1次産品を含めすべてに共通に用いられる言葉が「商品」だからです．製品・サービスを含めて「商品」と呼んでいます．

◆「アイデア」と「仮説」の混在

　アイデアは商品のイメージを形づくった「コンセプト」の構成要素（一部分）であり，仮説はそのコンセプトがある顧客に要望されていることを述べたものです．以降，慣用的に「アイデア」と「仮説」が混在して使われることになることをご承知ください．例えば「100g以下の超軽量PC」は一つの「アイデア」に過ぎませんが，それがあるターゲット層に向けたヒット商品になるであろうことを期待して創出しているので，「仮説」とみなしてもほぼ同じことです．

　慣用的に「仮説発掘アンケート」を「アイデア発掘アンケート」とは呼ばず，「アイデア発想法」では「仮説発想法」と呼びませんが，両方ともにアイデアを創出し，それらがすべて仮説になる，というところは同じ狙いです．

神田教授の商品企画ゼミナール
目　次

目次

まえがき ……………………………………………………………………… iii
お読みになる前に …………………………………………………………… vii

●●● 第Ⅰ部　オリエンテーション ●●●

第1章　ヒット商品への道 ――――――――――――――― 001
1.1　なぜ神田研究室に企業が……？ ……………………………… 001
1.2　ある日の相談風景 ……………………………………………… 003
1.3　理想の商品企画担当者 ………………………………………… 009
1.4　商品企画4つの方針 …………………………………………… 011

●●● 第Ⅱ部　Neo P7 講義 ●●●

第2章　商品企画の進め方 ――――――――――――――― 015
2.1　ヒット商品を絶対に出せないやり方とは ………………… 015
2.2　ヒット商品を必ず出せるやり方 Neo P7 の考え方 ……… 018
2.3　新・商品企画七つ道具（Neo P7）の方法 ………………… 022
2.4　従来の商品企画プロセス P7 との使い分け ……………… 026

第3章　仮説発掘法 ―――――――――――――――――― 029
3.1　Neo P7 以前に ………………………………………………… 029
3.2　仮説発掘法とは ………………………………………………… 031
3.3　手法1：フォト日記調査 ……………………………………… 032
　●3.3.1　フォト日記調査の意義 ……………………………… 032
　●3.3.2　フォト日記調査の手順 ……………………………… 035
　●3.3.3　フォト日記調査を上手に実施・活用するヒント … 040
3.4　手法2：仮説発掘アンケート ………………………………… 041
　●3.4.1　仮説発掘アンケートの意義 ………………………… 041
　●3.4.2　仮説発掘アンケートの手順 ………………………… 041
　●3.4.3　仮説発掘アンケートを上手に実施・活用するヒント …… 046

第4章　アイデア発想法 ── 047

4.1　アイデア発想法とは ── 047
- 4.1.1　アイデア発想法の意義 ── 047
- 4.1.2　Neo P7における意義 ── 048

4.2　手法1：焦点発想法 ── 049
- 4.2.1　焦点発想法の意義 ── 049
- 4.2.2　焦点発想法の手順 ── 051
- 4.2.3　焦点発想法を上手に実施・活用するヒント ── 054

4.3　手法2：アナロジー発想法 ── 058
- 4.3.1　アナロジー発想法の意義 ── 058
- 4.3.2　アナロジー発想法の手順 ── 058
- 4.3.3　アナロジー発想法を上手に実施・活用するヒント ── 062

4.4　手法3：ブレインライティング ── 063
- 4.4.1　ブレインライティングの意義 ── 063
- 4.4.2　ブレインライティングの手順 ── 064
- 4.4.3　ブレインライティングを上手に実施・活用するヒント ── 067

第5章　インタビュー調査 ── 069

5.1　インタビュー調査とは ── 069

5.2　手法1：グループインタビュー ── 070
- 5.2.1　グループインタビューの意義 ── 070
- 5.2.2　グループインタビューの手順 ── 070
- 5.2.3　グループインタビューを上手に実施・活用するヒント ── 075

5.3　手法2：評価グリッド法 ── 078
- 5.3.1　評価グリッド法の意義 ── 078
- 5.3.2　評価グリッド法の手順 ── 079
- 5.3.3　評価グリッド法を上手に実施・活用するヒント ── 084

第6章　アンケート調査 ── 085

6.1　アンケート調査とは ── 085

6.2	アンケート調査の手順 …………………………………… 086
6.3	アンケート調査を上手に実施・活用するヒント ………… 098

第7章 ポジショニング分析 ─────────── 101
7.1	ポジショニング分析とは ………………………………… 101
7.2	ポジショニング分析の手順 ……………………………… 102
7.3	ポジショニング分析を上手に実施・活用するヒント …… 109

第8章 コンジョイント分析 ─────────── 111
8.1	コンジョイント分析とは ………………………………… 111
8.2	コンジョイント分析の手順 ……………………………… 112
8.3	コンジョイント分析を上手に実施・活用するヒント …… 131

第9章 品質表 ──────────────────── 135
9.1	品質表とは ………………………………………………… 135
9.2	品質表の手順 ……………………………………………… 138
9.3	品質表を上手に実施・活用するヒント ………………… 145

●●● 第Ⅲ部　ケーススタディ ●●●

第10章 事例「ゴムを利用した生活雑貨の企画」─── 147
10.1	企画の前に ………………………………………………… 149
10.2	仮説発掘法（フォト日記調査） ………………………… 149
10.3	アイデア発想法 …………………………………………… 151
10.4	インタビュー調査（グループインタビュー） ………… 152
10.5	アンケート調査 …………………………………………… 154
10.6	ポジショニング分析 ……………………………………… 163
10.7	コンジョイント分析 ……………………………………… 167
10.8	事例のまとめ ……………………………………………… 175

第Ⅳ部　Neo P7 補講

第11章　分析ソフト「P7 かんたんプランナー」―― 177
- 11.1 「P7 かんたんプランナー」とは ―― 177
- 11.2 P7 かんたんプランナーの内容 ―― 178

第12章　次へのステップ ―― 187
- 12.1 実践への知恵 ―― 187
- 12.2 学びの機会 ―― 190

付　録

付録　手法の詳細 ―― 193
- A.1 アンケート調査の分析 ―― 193
  - A.1.1 CS ポートフォリオ（改善方向発見の手法）―― 193
  - A.1.2 相関係数（2項目の相関係数の指標）―― 194
  - A.1.3 数量化Ⅲ類（関連性をマップ状に表す手法）―― 197
  - A.1.4 クラスター分析（回答者の分類手法）―― 198
- A.2 コンジョイント分析 ―― 199
  - A.2.1 コンジョイント分析1 ―― 直交表の基礎 ―― 199
  - A.2.2 コンジョイント分析2
    ―― 直交表の応用：3〜4水準の入れ方 ―― 205

参考文献 ―― 215
索　引 ―― 217

装丁 ● 大八木淑愛
本文イラスト ● 神田絵里

第1章

ヒット商品への道

1.1 なぜ神田研究室に企業が……？

◆成城大学神田研究室

　小田急線成城学園前駅から広がる，東京を代表する閑静な住宅街・世田谷区成城．その一角に，この「成城」の名前の由来となった成城学園があります．幼稚園から大学院まで構える，森のように緑豊かな一大キャンパスです．ここでは，ランドセルを背負った元気いっぱいの小学生と懐かしい制服の中高生と，カジュアルな服装の大学生が一緒に闊歩する，不思議な光景が展開しています．駅から近く，適度な密度の空間がキャンパスに活気を与えています．

　大学の中にひときわ出入りの多い，いつも賑やかな部屋があります．他の研究室がひっそりとする暑い夏休みでも，学生や企業人が入れ替わり立ち替わり訪れる部屋です．そこが経済学部経営学科・神田研究室．ドアを開けると，多くの方が「？？」と思うでしょう．雑然とした，タフな教授の部屋をイメージして緊張して来た多くの方はきっと拍子抜けするはずです．どこからか漂うおいしそうなコーヒー

神田研究室のドア

の香り．ドアの裏にはたくさんのカラフルなマグネット（写真参照）．棚にはステキなカップが数十個．その周辺にはぬいぐるみやオモチャがズラリ．本の山を見るまでは，誰もここが大学教授の研究室とは信じません．使っている私自身も「変だなぁ」と思うほどですから．

◆また，打ち合わせ……

　ここに，ある1週間のスケジュールの記録があります．学期中の，ごく普通の1週間です．学部の授業2回・ゼミ3回，大学院の授業1回・ゼミ1回．会議2つ．ここまではどこの教授でもありそうなパターンです．違うのはここからです．企業と私と学生とのミーティング3回（各3〜4時間），学生グループと私とのミーティング4回（各1〜2時間），企業と私とのミーティング2回（各1〜2時間），外部セミナー1回，学生の質問・相談5回（各15分〜1時間）．毎週がこんな調子です．際だってミーティングが多いのは，産学協同研究が多いからです．

　私の研究室には毎年4〜8件の産学協同研究の依頼があります．始めてからおよそ20年，延べ100件は優に超えています．最近のある年は家電メーカー1社，自動車用品メーカー1社，食品メーカー1社，機械メーカー1社，包装品メーカー1社，某商店街の計6件．今や産学協同研究が看板の工学系でも，1研究室で3〜4社もあればすごいといえるのに，この活況は驚異的（！）ですが，これが毎年のことです．大企業も中小企業も，業種も無関係に私の研究室に来るのです．巷には多くのコンサルティング会社や広告代理店，リサーチ会社があり，商品企画をその看板に掲げるところも溢れるほどあります．しかし，それでも神田研究室に来るのです．なぜでしょうか？

　神田ゼミは3年ゼミ生全員が産学協同研究を行い，1プロジェクトを学生3〜5名程度で分担，一部は4年生や大学院生も実施します．指導する側も，調査分析結果・資料やプレゼン内容の事前チェック，さらに当日のディスカッションなどに時間がかかり，しかも当然ですが，すべてにおいてまったく手抜きができません．本物のビジネスレベルですから，常に新鮮な発見・発想と有用な結論が出なければいけません．学生との予備的（準備のための指導・チェック）のミーティングを入れると，こちらも目が回るスケジュールです．そのう

えに，ヒット商品を出せない企業，出したい企業が相談のために訪れます．私の夏休みは毎年たったの1週間です．理由は簡単．お盆の時期だけ企業が休みになって，ミーティングや相談ができないからです．

「なぜ」でしょうか？　なぜ，こんなに企業が来たがるのでしょうか？

答1：おいしいコーヒーを飲みたいから？　⇒ No．それほど企業人は暇ではありません．たしかに私の淹れたてコーヒーのファンはすごく多いですが（笑）．

答2：たくさんのマグネットに引かれるから？　⇒ No．磁力が脳細胞を活性化する力があるとは思えませんね（笑）．

答3：私がストレス解消ツールになっているから？　⇒ No．たしかにたくさん話をして「すっきりした！」と言って帰る方は多いのですが，私はセラピストやカウンセラー，ましてや癒しのペットじゃありません（笑）．

答4：ヒット商品に恵まれたいから？　⇒ Yes．それこそがこの研究室の活況を説明する唯一の理由です．しかも，学生と手法というすばらしい二大要素に恵まれているからです．

1.2　ある日の相談風景

◆相談風景の再現

ここで，ある日の企業の方との相談風景を模擬的に再現します．情報保護のため，社名・商品名や口調はすべて変えてあります．この日，食品メーカーP社の開発担当課長A氏と部下のB氏が相談に訪れました．

A氏：先生，これが3カ月前に発売した「ミネバラ」です．当社としてはずいぶんと研究開発に時間をかけ，社内の評判も良かったので自信をもって発売したのですが結果は散々です．スーパーやドラッグストアのどこでも，ごく最初だけ立ち上がって後はすぐにダウンしました．信じられません．

B氏：去年，何度もグループインタビュー[1]をやって，学界の権威の先生にも相談して成分の調整もしたんですが，なぜ売れなかったのかわかりません．

社長からもえらく叱られて，社内の会議でも皆首を傾げる始末でして……．
　　そこで，神田先生のご意見を伺いたくて，相談に参りました．
A氏：現物をお持ちしましたので，是非，食べてみてください．
神田：わかりました．食べてみましょう．（少し間があって）げっ，まずい!!
　　何ですか，これは．パッケージもごく普通すぎるし，ターゲットとコンセプ
　　トは何ですか？
B氏：女性向きの栄養補助食品でして，体内のミネラルのバランスを最適に調
　　整して疲れにくい体をつくるという狙いなのですが……．いろいろな成分が
　　入っています．
神田：ミネラルバランスを略してミネバラ？
A氏：そうです．バラは香りに使った花の「ばら」も兼ねています．生命活動
　　を健全に維持してゆくためには，ミネラル分が相互にバランスよく満たされ
　　ないといけません．一つ欠けても全体の活動力が低下します．例えば，カル
　　シウムやマグネシウムが不足すると神経症，動脈硬化などが起こります……．
　　これらは非常に種類も多く複雑なのですが，当社の研究所がかなり前から研
　　究して，特に女性に不足しがちで重要な成分を数種類に絞り込んでいました．
神田：なるほど，ところで，ターゲット層はどの辺に絞り込んでいますか？
B氏：健康に気を遣っているすべての女性です．
神田：では，女性全員ですね！
A氏：いえ，彼が言ったのは，健康に関心をもつ女性，という意味です．
神田：いや，女性は皆健康や美容に関心をもっています．中高生や大学生でも，
　　年配の方でもそうです．
B氏：はあ，……．
神田：コンセプトはインタビューから決めたのですね？　どんな方を対象に？
B氏：健康に関心の強い，社内の女性従業員を集めて，3回行いました．
神田：なるほど，そこでミネラルバランスというニーズを発掘したのですか？
B氏：いえ，それは研究開発で決めて，インタビューでは試作品を食べてもら
　　い，そこで出た意見から本格的な開発を始めることができました．

---

1) 数人の対象者を集めて同時にインタビューする方式．

A氏：最初のグループインタビューでコンセプトには皆賛成してくれました．2回目ではさらに味について細かな意見をもらい，3回目ではパッケージについて検討しました．

神田：なるほどね……．ところで，他にアイデアはなかったのですか？

B氏：そうですね……，部署内でブレインストーミングしたときに案が2, 3ありましたが，いずれも弱かったし，他社の商品に似てきてしまうので，どうも……．

神田：ビタミン剤とかサプリメントにこの種の発想は似たものがあると思うのですが，例えばカルシウムや鉄分を補うというものは．

A氏：はい，それはそうなんですが，女性向きの重要なミネラルをいくつか同時にバランス良く補うという考えは，ありません．

神田：では，競合他社のXやYとどこが違いますか？

B氏：ミネラルの量やバランスです．Xに入っているミネラルの量はごく微量ですし，Yとは成分の組合せがだいぶ違います．

神田：ふ～ん，そうですか……．

A氏：私たちも差別化がちょっと難しいかな，とは思っているのですが……．

P社との相談風景：「どうして売れないんでしょうね？」

神田：ところで，お二人とも，大学は理系のご出身ですか？
B氏：私は理系の理学部の化学出身です．
A氏：いえ，私は文系の法学部出身です．
神田：商品企画に女性担当者はどのくらいいますか？
A氏：全体の4分の1でしょうか．でも事務的な仕事が多いですね．うちは女性の商品企画担当者が昔から少ないですね．採用しないのか，育てないのか人事の方針はよくわかりません．

◆12の指摘事項
さて，このような相談のなかから，私が指摘したのは，次のとおり12点もあります．

① **そもそもコンセプトが弱い**

他社と差別化され，顧客が感動すら覚える強いコンセプトではありません．「これを食べれば私の体はきれいになりそう，元気に生活できそう，健康になれそう」という強い印象が出てきません．顧客から見れば，現実的な「ミネラル」の「バランス」を「ちょっと良くする」だけなのです．「これっていいな〜」という夢も希望も感じません．

しかも競合他社のX, Yのようにミネラル補給を目指したものが既に多種多様にあります．それらと明確に違うことがわかるようなコンセプトでないといけません．

② **商品名やパッケージが女性向きでない**

仮に譲って，コンセプトそのものは良しとしても，商品名が「ミネバラ」ではどうも……．女性がバラの香りというのも安易ですし，「太腹」「バラ肉」「かたバラ」「ともバラ」「バラバラ」など，どうも「〜バラ」というのは女性には印象が良くない単語を連想させます．音の響きも良くありません．パッケージも普通で，インパクトがありません．「買うな」と言っているに等しいです．

③ **ターゲット層が明確ではなく，極めて曖昧**

「健康に関心がある女性」は無数にいます．女子大学生でも，男子大学生より比較にならないくらい関心が高いのです．しかし，「関心はあ

るが何もしていない」人こそが本来のターゲット層であり，これを取り込まないと，大ヒット商品にはならないのです．この層に普通のレベルの商品を発売しても，今までどおり反応してくれません．つまり，そこそこ売れて終わりです．

④ **技術優先で考えたコンセプトを押しつけている**

顧客の意見から酌み取ったニーズ優先ではなく，技術者が研究をしてきた技術優先でコンセプトを決め，開発した"できちゃった開発"です．優秀な技術者が多い大企業や今まで技術力主導で成長してきた企業は，ついついこれをやってしまいます．「ミネラルバランス」が研究テーマとして面白いとか，やりがいがあるということは，一般の顧客には何の関係もないことです．ニーズに結びつかないシーズ(seeds：技術の種)はいくらあっても種のままです．

⑤ **アイデア・仮説が少なすぎる**

少なくとも100個以上の(ワクワクするような)アイデア・仮説の案のなかから客観的に選ばれたコンセプトならまだしも，わずかしかない案に固執して決定したものは，たいていうまくいきません．アイデアの出し方自体が確立されておらず，技術からのアイデアで突っ走りました．この方式は今後も必ず失敗します．また，アイデア発想法としての「ブレインストーミング」など，私はここ十数年間使っていませんが，アイデアに困ったことは一度もありません(後で詳細に秘密を説明します)．

⑥ **社内の人を調査対象にしている**

調査対象者は，客観的に第三者の立場に立てる一般の顧客を使うべきです．社内の人は先入観や予備知識があり，消費者的な意識が弱くなります．仲間から得た意見は危険です．これは調査を行う場合の基本です．

⑦ **インタビューは量的検証の手法ではない**

グループインタビューを3回やっても，それぞれの目的が違いますから，実は数人ずつしかやっていません．これで「検証」などとはお笑いものです．本来量的な検証は費用や時間がかかっても，100人以上のアンケート調査や会場テストで実施すべきです．しかも，最も重要な最初のインタビューで技術からのコンセプトを検証したというより，押しつ

けています．

⑧　システマティックなプロセスを実行していない

全般に自分たちの思い込みで仮説を立て，それを押しつけるようなプロセスであり，失敗の元凶はここにあります．顧客の潜在的なニーズを深いところまで探り，それを定量的な調査で検証する．そのためのシステマティックな体系「商品企画七つ道具」を後の章で紹介しますが，そのような系統だった方法を用いれば，顧客ニーズの完全実現はそう困難ではありません．商品企画＝「ひらめき」というイメージが一般的になってしまっていますが，工場での生産のように，がっちりとプロセスを組み立て，誰が担当しても素敵な感動商品を生み出せる「仕掛け」が必要です．

⑨　開発チーム，特に企画担当者に純文系・純理系は好ましくない

文系でも数理や統計やPCに強く，しかも企画手法に明るいスタッフ，理系でも顧客をとことん理解しようとする柔軟な発想の人が理想的です．このタイプの人は社内にあまりいないので，ローテーションで回って来た人はかなり苦労することになります．大学でマーケティングを学んだ人であっても，机上の空論を振り回すような人は実践では役立ちません．

⑩　女性スタッフが少なすぎる

女性向き商品は女性にしかわからない（男では理解できない）ところがあり，商品企画では主要スタッフの半数は女性にすべきです．一般に，感性を要求する商品は女性が向いており，スペック（性能）優先の商品は男性が向いています．世の中は感性重視の方向に向かっていますから，女性スタッフを至急，大量に養成すべきです．最も簡単に獲得するには，神田研究室から女子学生を採用する，これが最速です．何しろ，商品企画の道を志望して来る学生が大勢集まっているのですから．

⑪　コンセプトがわかりやすくないとヒット商品にならない

「ミネラルバランス」はたしかに必要なのかも知れませんが，素人には一見して何のことかわかりません．わかりにくいコンセプト，曖昧なコンセプトは顧客側の意識がついてこないものです．大量のCMなどで繰り返し訴えれば自然に浸透していきますが，かなり強い覚悟と高額

の予算が必要です．

⑫ **感覚的に良い印象の商品以外は永続的には売れない**
　　頭ではどんなに「健康に良い」と理解しても，感覚的に「おいしい」と感じないと初回の購入で終わってしまいます．性能・機能で差別化したと思い込んでも，口に入るものはまず第一の関門が「味」であり，そこで判別されます．さらに，デザイン・印象面でも識別されます．

　実は，このような指摘はこの会社に限らず，ほとんどの会社に対して行っていることです．つまり，今述べた12の指摘事項はかなりの会社に当てはまることです．業種も規模も商品もまったく異なるのに，指摘（問題点）は共通なのです．いったいこれはどういうことでしょうか．

　一つの会社で全部が当てはまることはありませんが，当てはまる数が多いほど重症です．最も頻度が高く，影響も大きいのは①④⑤⑧，つまり，

　① そもそもコンセプトが弱い
　④ 技術優先で考えたコンセプトを押しつけている
　⑤ アイデア・仮説が少なすぎる
　⑧ システマティックなプロセスを実行していない

でしょうか．特に日本中の製造業でほぼ共通に見られるのは④⑧です．サービス産業でも，どこかで技術を使っていますので，似たようなところがあります．しかも，これらは互いに密接に関連していて，根はすべて同じところにあります．それは次節で解説します．

1.3　理想の商品企画担当者

◆手法を知らないマーケターと顧客を知らない技術者

　マーケティングは従来の常識では販売・販促・広告宣伝・流通などですが，現代のマーケティングはむしろ市場調査や商品企画のような源流の活動を指すことのほうが一般的です．従来型に共通しているのは，「売る」という目的で，方法論としては文系型の領域，つまり（失礼ながら）確たるやり方でなく，感覚や経験で走るということです．せいぜいITを活用したシステムの構築で，これはコンピュータのハード，ソフトの業界が主導し，あれよあれよという間に

つくり上げてしまったもので，自らの強固な知恵で切り開いた，とは言い難いです．売るほうにだけ目が向くと，新商品をつくるほうはどうしても技術者主導になります．

　そのうえ，産業界では，技術者を非常に大切にしてきました．甘やかしたといってもよいと思います．それは技術的に「つくれる」ことが国全体で優先されてきたからです．安かろう悪かろうの時代に，質の高いものをつくることが目標だった日本では，大学理工系で固有技術や管理技術（品質管理，生産管理など）に優れた者を大量に育て，優遇しました．文系は「会社に入って鍛えればいい」という方針で専門教育を重視しませんでしたし，大学教員も自分の研究が中心で，産業界の将来を見据えた教育に無関心でした．

　そのため技術者が新商品開発の1から10まで背負うことが多くなります．当然，市場調査はまったくわからないし，また文系出身者が開発担当でもやはり専門知識がないので，外部の調査会社に委託することになります．調査会社は調査のプロであっても，商品企画のプロではないので，与えられた調査をこなせばそれで十分収益になります．余計なことまで提案する必要はありません．委託した会社はその調査結果からは画期的な商品に至らないため，技術から新規性のある商品をつくろうとします．もちろん，顧客のニーズはわからないので，すれ違いが起こり，結局売れない商品が大量にゴミとなって廃棄されます．

　「手法を知らないマーケターと顧客を知らない技術者」，この両者が会社を没落させる「売れない商品」を企画するのです．

◆理想の商品企画担当者

　商品企画を行うマーケターは，市場調査や商品企画の方法論をしっかり体得した人でないといけません．技術者が行う場合は，ソフトな発想のできる人でないといけません．文理両道，内容面からいえば柔軟な思考とがっちりしたプロセスを両方できる人でないといけません．右脳（柔）と左脳（剛）の両方が回転する人です．「純文系」「純理系」の壁から抜けられない人は向きません．

　会社も組織ですから，人の能力を育てるために，ローテーションを行います．これは悪くないのですが，「何をつくるべきか（またはサービスすべきか）」を決める商品企画の人たちは会社の命運を握っていますので，前述のような「ス

ーパーマン」的な能力を求められます．単独では無理ならば，チームでそのような能力を発揮すればよいのです．いわゆるプロジェクトチームです．しかし，立場や専門に偏った人が多いと固執するため，なかなか議論が収束せず，納得して次に行くまでに時間と労力がかかります．

1.4 商品企画4つの方針

◆「やり方」こそが根本！

　私が商品企画のツール集「商品企画七つ道具」を公開の場で発表したのが1994年．以来「ヒット商品を出せない」「売れない」という皆さんの悩みと真摯に向き合ってきました．200社以上で講演やセミナーを行い，前述のように産学協同研究は延べ100件以上実施しました．相手先企業はほとんどが一部上場の大企業．専門コンサルタントではないのに，この実績はすごいことです．私は前述のように多くの授業とゼミ生を抱え，それだけでも平均的な教授よりも時間がかかります．それなのに，です．規模も業種も扱う商品もまったく異なるのですが，方針ややり方はほとんど変わりません．本質的に何一つ変えようがないからです．

　多くの企業は（大企業でも）ヒット商品が出ない，売れないということを人や組織・戦略・販売体制などのせいにしています．たしかに，それらは原因の一つではありますが最大の原因ではありません．どの会社にも共通で，しかもほとんど気づかない巨大な原因は「企画のやり方」です．要は商品企画の進め方，プロセスの問題です．皆さんは常識や固定観念にとらわれていて，やり方とはこんなもの，あとは担当者のひらめきや才能，努力によると信じています．そこにすべての誤りの根本があります．以下に，私が日常指導する際に目指している商品企画の方針を4つ述べますので，皆さんの考えと同じかどうか，チェックしてみてください．

【方針1】感動商品を目指す

　私たちが目指すべきは「安いから売れる」商品ではなく，「高いのに売れる」商品です．「高く売れる」とは「高い価値がある」からで，それは，顧客が引

きつけられ感動する内容があることを意味します．他のどの商品よりも強く顧客に訴える「独自性」がないと，顧客は感動しません．

　今までは顧客満足度を高めた「良い商品」＝「満足商品」が各企業の目標でした．満足度調査を行い，欠点をとことん発掘して，それを埋める（マイナスをゼロにする），つまり「改善」すること，不良をなくすことが中心で，「高い価値」「感動する内容」はあまり考えて来なかったのです．

　「安くて良い」商品が中国など諸外国に席巻されると，今度は「高くて良い」商品に移行しました．2つの「良い」の差が非常に大きいと人々は納得しますが，そうでないと，「安くて良い」ほうに移ります．「高くても売れる」にはならないのです．顧客を引きつけるための「独自性」を高める方法を知らないからです．過去にそのようなノウハウや経験の蓄積がないからです．それでも，各企業はこぞって，高価値商品に移行しようと必死です（空回りしていることが多いのですが）．

　独自性は独創的なアイデアやセンスから出る「創造性」や，徹底的に探して掘り当てた「潜在ニーズ」からやって来ます．特に後者の発見はとことん市場調査をして発掘すべきものです．この「創造性」と「潜在ニーズ」の両方を実現する方法論がどうしても必要です．

【方針2】システマティックに

　誰が担当しても，「このようにやればある程度きちんと売れる商品が企画できる」，そのような「システム」として標準化できる方法がないと，連続的にヒット商品を出せません．次々にヒット商品を創るのはたいへんなことでも，無理なことでもなく，それを普通にやってしまうための「システム」をつくっていないだけのことです．ひらめきや直感は必要ですが，それのみでヒット商品を「当てる」という感覚は最悪です．

　大ヒット商品を当てても次がまったくの不作なら，平均すれば「並み」となってしまいます．会社全体としても，横断的に見てある商品がヒットしていても他の商品がまったくダメなら，業績は上がりません．つまり，ばらつきがあってはいけないのです．「どの商品も失敗しない，きちんと売れる」なら会社全体は絶好調です．そのためには強固でシステマティックな商品企画の方法論

が必要です．商品企画は決して，ギャンブルであってはなりません．

【方針3】定性的手法＋定量的手法のバランス

　手法の道筋を考えるとき，定性的な手法（数字でなく感覚や言葉で直感的に捉える手法）と定量的な手法（数値化したデータをもとに分析的に捉える手法）の2つがあります．この双方を使えないといけません．システマティックでバランスのとれた手法体系を学び，企画部門で普及させれば，さほど困難なことではありません．

【方針4】顧客の意見を最初から最後まで活用

　前半で顧客の意見を聞いて取り入れるのはむしろ当たり前ではありますが，途中でも，最後でも聞いてほしいのです．特に最後の検証は顧客の意思が商品に明確に反映されるので重要です．商品企画は最後まで「顧客とのコラボレーション（共創）」ぐらいの徹底した意識が大切です．

　商品のおおまかなコンセプトが良好でも，最後の仕上げが悪いと挫折することがあります．例えば，性能は申し分なくても，商品名・パッケージ・価格などの要素が当を得ていないとまったく売れないということが（しばしば）起こります．特に消費財では顧客は非常に移り気ですので，最後の最後まで気を許せません．最初の段階ももちろんですが，最終段階でも顧客の意見を聞けるかどうかが，商品企画全体の成功の鍵を握ります．

　さて，以上の4つの方針にすべて共感できましたか？　これらのどれかに強い違和感があるなら，皆さんの商品企画は困難な状態にあると思います．

第2章

商品企画の進め方

2.1 ヒット商品を絶対に出せないやり方とは

(1) 市場（しじょう）を見ないで市場（いちば）を見る

Market という英単語は日本語では「市場」と訳します．ところが，同じ市場調査という日本語に Market Research と Marketing Research の 2 つの英語が対応しています．これらはしばしば同様に用いられますが，厳密には同じではありません．英語版の Wikipedia には「専門家は *Market* Research はマーケット（市場〈いちば〉）に，*Marketing* Research はマーケティング・プロセスに関係する語として使い分ける」[1]と記述されています（訳は筆者による）．つまり，

- *Market* Research：現在の売買の状況を捉えて「何が売れていて，何が売れていないか」を調べる．いわば「いちば」を見る．
- *Marketing* Research：顧客ニーズを捉えて今後どう動くか，どう意思決定（開発〜販売まで含む）したらよいかを調べる．いわば，「しじょう」を見る．

「市場調査」を今動いている「いちば」のみの調査と捉えるか，今後動くであろう「しじょう」を見越した調査と捉えるかでずいぶんと話が変わります．

---

1) Expert practitioners may wish to draw a distinction, in that *marketing* research is concerned specifically about marketing processes, while *market* research is concerned specifically with markets.

市場(いちば)を見る　　　　　市場(しじょう)を見る

「いちば」調査の場合，まわりの動向ばかり気にして，本当に今後の顧客の心の中にまで食い込むような画期的商品を考えうるのか疑問です．

　例えば，あなたがある家電商品の担当者だとしたら，最も手っ取り早く情報を摑むにはネットでいろいろな売れ行きや口コミの情報を検索しますね．業界団体の情報，業界紙の記事も見るでしょう．社内に来た顧客からの意見，クレームも参考になります．次に取引のある家電量販店に出向き，販売担当者から，他社の分も含めた売れ行きや顧客の声を吸収するでしょう．もちろん，これらが悪い訳ではありません．重要なヒントが生まれることも多いでしょう．ただ，それで突っ走ると，表面しか見えない，不満を改善した「良い商品」で終わるという危険性が潜んでいます．

(2)　片手で数えられるアイデアから何となく選択

　私はこれまで非常に多くの商品企画担当者を指導し，相談に乗ってきました．多くの会社で悩みとしてよく聞かれるのが「良いアイデアが乏しい」という現実です．少なくとも 10 件以上の(ワクワクするような)アイデア・仮説案のなかから客観的に選ばれたコンセプトならまだしも，片手で数えられる程度の，わずかしかない案から(しかも適当に)決定したものは，うまくはいきません．

2.1 ヒット商品を絶対に出せないやり方とは

　アイデアの出し方自体が確立されておらず,「顧客から」ではなく「技術から」考えた(＝使えそうな技術を活用する)アイデアや,ふと思いついたアイデアで突っ走る人がどれほど多いことか.たとえ運良くうまくいっても,次もうまくいくというものではありません.

　アイデアの創出は「才能ある者が行う」「特別な」方法ではありません.まして,多忙な人たちが時間を気にしながら行う(なかなかうまくいかない)ブレインストーミングが最良の方法では決してありません.後で述べる「焦点発想法」などの方法を用いれば,100個のアイデア創出など,何でもありません.たくさんのなかには必ず優秀なアイデアがあります.

　複数の企画メンバーがいるなら,各メンバーが時間の余裕を見ながら,リラックスして集中できるときに別々に発想法でアイデアを出し,メンバー全員に配布し「使えそう」「面白そう」「売れそう」程度のラフな基準で点数をつけて絞り込みます.それを収集してランキングします.上位のアイデアを組み合わせたり再検討することのみを集中的に会議で行えばよく,1時間ぐらいで強力なアイデアリストを構築できます.

　したがって,この目的のためにはアイデア発想法はなるべくユニークなアイデアを多数出せる手法を用います.それが第4章で紹介する方法です.

(3) 最終決定も感覚的に

　たとえ良いアイデアが出たとしても,最後の決定を適当に行うようでは,確実な成果を上げることはできません.

　例えば,ここに大きく異なる(しかし有望そうな)A, B, Cという3つの案があるとします.それぞれについて,さらに,デザイン,性能・機能,価格などで微妙に変化できます.皆さんはどのように決定しますか？

　ひょっとして,チーム内の多数決で得票の最多のものにしますか？　判断を上司やトップに丸投げして責任を転嫁しますか？　いずれも極めて危険です.その結論が正しいという保証がないからです.結果的に,売れればそれは正しい,売れなければ誤りです.しかし,事前にその結果はわかりませんから,もし人・物・金で莫大な投資を必要とするなら,経営者はついつい(責任を恐れて)リスクの低い案を選択したがります.つまり,「つまらない」案を選ぶこと

になりがちです．これではいつまでたっても前進しません．高価値の商品に決定することは最初から無理です．私たちの目標はあくまでも「**価値が高いがゆえに高く売れる商品**」，言い換えると「**感動商品**」です．

2.2 ヒット商品を必ず出せるやり方 Neo P7 の考え方

(1) 感動商品を生む公式

拙著『ヒットを生む商品企画七つ道具 はやわかり編』[10] で感動商品に関する考え方については詳細に書きましたので，そちらを読んでいただきたいのですが，極めて重要なのでそのポイントのみをここで再び述べます．

近年のヒット商品に共通する特徴は次の3点です．

① **創造性がある**

「わー！ 何これ？」と思わせる外観上または機能上の強いオリジナリティがあり，インパクトがあります．人を引きつける，新鮮で個性的な魅力があります．ハッとするようなユニークさをもっており，驚きの要素といえます．

感動を与える商品はまず市場に類似品がなく，新鮮で生きがいい．勢いよく心の中に飛び込んで来ます．まだよくわからないうちに「欲しいな～」と思わせる創造的なセンスをもっています．デザイン的な新規性や商品名の面白さ，CM のユニークさなどもこのなかに入っています．

② **潜在ニーズを発掘している**

さわって，使ってみると「なるほどね！」と思わせるような従来にない工夫，使いやすさ，気配り，楽しさ，性能の良さがあります．思わず「もっと早く出ていればよかったのに」「どうして今までなかったの？」と言ってしまう要素です．

これは，顧客の潜在ニーズを発掘し，それを充足していることを意味します．顧客が「うーん，なるほどこれなら自分も使ってみたいな」と思わせる要素です．生活のなかでそれを使うことに新しい喜びや満足感を与えるものです．「潜在ニーズ」とは目に見えないニーズ，多くの人

2.2 ヒット商品を必ず出せるやり方 Neo P7 の考え方

が要求してはいない，深く心の中に，生活のなかに沈んでいて，誰も表立っては言ってくれなかったニーズです．十分に調べないとわからないため，鈍感な，並の調査しかできない企業，あるいは調査はきちんと行っても眼力のある企画者がいない企業には発掘はできないものです．

③ **値段は決して安くない**

　安さで引きつけるタイプの商品では，絶対にない，ということです．もちろん，まったく同じような内容・質の商品が1万円と8千円で売られていたら，誰でも8千円のほうを選びたくなるでしょう．しかし，1万円のほうには思いもよらなかった（しかし実は欲しいと思っていた）機能がついていたら，あるいは使うのが楽しくなるようなデザイン，あるいは持つことで優越感を感じるブランドであったとしたら，買います．あらゆる面で8千円の商品をしのぐ必要はなく，1点のみで大きく優越すればよいのです．

　これらは新商品を企画する際の目標をどう設定すべきかの重要なヒントになります．また同時に，どのように企画すべきかの道標にもなります．

　商品に「**驚き**」「**喜び**」の要素を与え，単なる満足のレベルを越えて顧客を感動させるような商品，感動させて顧客を買いに走らせるような商品（「**感動商品**」）を創造しなければなりません．

　第一の特性（創造性）も重要ですが，第二の特性（潜在ニーズ）が長い目で見ると極めて重要です．なぜなら，新しい，ユニーク，楽しいという特性の効果は一時的なものであり，ヒットすると類似品が追随したり，普及するにつれて新鮮な印象は薄れてしまいます．ところが今までにないニーズを本当に発掘したのであれば，その商品は今や「必需品」として認知されたのであり，今後も反復的に購入してもらえます．したがって，かなりの期間にわたり存在し続けることができます．この特性の発掘をシステム化できるか否かがまさに商品企画システムの成功の鍵を握っているといっても過言ではないでしょう．

　感動の中身は人によりさまざまですが，商品企画の面から捉えると，前述のように創造性と潜在ニーズの2つに集約できます．公式的に書けば，次のようになります．

感動＝創造性×潜在ニーズ

　×（掛け算）になっているのは，総和というより，一方の強さが2倍になれば感動も2倍になる，と考えられるからです．

　価格は，最初から「安く抑える」という目標を立てません．調査の結果，低価格でないと誰も買わないという条件が出ればともかく，私たちの目標はとにかく **2.1節** の最後に書いたように，「価値が高いがゆえに高く売れる商品」です．

(2) 成功のための商品企画プロセスとは

　創造性と潜在ニーズを取り込んだ商品企画はどのようなプロセスで実現できるのでしょうか．コンサルティング専門家ではない大学教員でありながら，あらゆる業種の多数の企業の相談に乗ってきた私の経験はなかなか貴重なものといえそうです．関係した企業の大部分は，前にも触れましたように

- 技術志向が強い
- 品質レベルは高い
- 良いアイデアに恵まれない
- 十分な検証を行っていない

という共通の特徴をもっています．あなたの会社も同様ではありませんか？

高くても売れる「感動商品」：「やっぱりこっちに引かれるよね」

技術力があるということは，良い企画案さえつくれればそれを実現するのは難しくないということですから，企画のやり方しだいなのです．重要なのはアイデアを豊富に出し，それをきちんと検証するプロセスです．

従来の商品企画七つ道具(**2.4 節**を参照)では，

　　インタビュー調査　⇒　アンケート調査　⇒　ポジショニング分析　⇒
　　アイデア発想法　⇒　アイデア選択法

という流れで商品企画を行うことを提案していましたが，この方式ですと

- アンケート調査で評価してもらう対象が(原則として)既存の商品となる
- アイデア発想法が後半にあるため，画期的なアイデアが出ても十分に検討する余裕がないことが多くありました．そのため，

　　インタビュー調査　⇒　アイデア発想法　⇒　アイデア選択法　⇒
　　アンケート調査　⇒　ポジショニング分析

という別の流れをつくり，最初からアイデアを大量に創出し，そのなかから創造的な商品を選び出すというプロセスを提案し，好評を得ました．

しかし，これでもまだ十分とはいえません．なぜなら，

① インタビュー調査が出発点であるため，ここで失敗すると仮説の質も量も貧相なものに陥る危険性があります．

② そのため広範囲かつ多量のインタビュー調査が必要となるのですが，予算，時間の制約，優秀な司会者(モデレーター)不足のため，実際にはそれは不可能または困難です．

そこで，新たに「仮説発掘法」を導入して，インタビュー調査以下をすべてこの仮説の検証と修正に充てるという発想で再構成してみました．

十分に多くの仮説の「タネ」を仕込んで，そこからアイデア発想法で優れた芽をどんどん出させ，大きく見事に開花しそうなものを選定する．さらに，それらを組み合わせてすばらしいアレンジフラワーとして売り出す．そのようなイメージです．

(3) バランスが重要

これは 2 つの意味があります．両方の意味でバランスをとってください．

① **定量的手法と定性的手法のバランス**：いうならば左脳的(数値・デー

タ的，論理的)な方法と右脳的(イメージ的・感覚的)な方法の両方を使いこなすことです．

左脳的方法に偏ると検証はきちんとできますが，面白みが出ません．右脳的方法が強すぎると仮説が発散するだけで，そのなかでの優秀仮説の抽出が難しくなります．

本書で提案するNeo P7では，前半に創造を旨とする右脳的手法，後半に検証を旨とする左脳的な手法を集め，前後の連携をとりやすい形式になっています．

② **メンバーのバランス**：技術者など理系の人は定性的手法に弱く，事務営業など文系の人は定量的手法に弱い傾向があります．技術者が集まった企画チームでは，とかく性能・機能追求型の技術力を誇示するような商品になり，デザイン面や顧客の潜在ニーズを深く追求する商品が乏しく，営業の人が集まるとニーズの面などでワイワイ話は弾みますが，どうしてもフィーリングで決めてしまいがちです．

私の理想とするところは「文魂理才」．文系的な感覚と理系的な手法をともに身につけていただくことです．1人で実現するのは相当な修練と若干の天分が必要ですので，それが無理なら，チームのなかで両方のタイプの人を用意して，バランスをとることです．ただし，バランスをとったつもりでも，今度は(あまりにも分野や年齢が違いすぎると)コミュニケーションがうまくいかないということもありますので，そこは注意が必要です．

2.3 新・商品企画七つ道具(Neo P7)の方法

(1) Neo P7の概要

ここまででおわかりのように，なるべく早く多数のアイデアや仮説を初期から創出し，それらを評価し，絞り込んだり変形したり組み合わせたりして最終案を導く方法が是非とも必要です．

図表2.1のNeo P7(新・商品企画七つ道具)は私の長年の指導経験から生み出された7ステップの新たな方法論です．詳細は**第3章**以降でたっぷりと解説

2.3 新・商品企画七つ道具(Neo P7)の方法

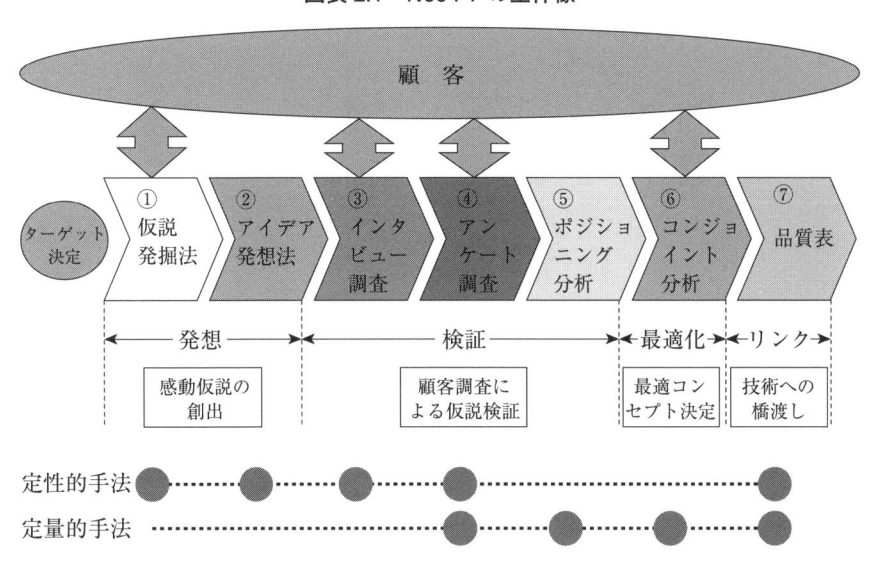

図表 2.1　Neo P7 の全体像

しますので，ここではごく概略のイメージのみにとどめます．

各手法をごく簡単に説明します．

① **仮説発掘法**：顧客に入り込みユニークな仮説をザクザク出す"すごワザ"です．今回の Neo P7 で新たに入れたステップで，「フォト日記調査」「仮説発掘アンケート」の2手法からなります．

- フォト日記調査は，文字通りフォト(写真)を用いた日記を顧客につくってもらい，そこから新しい仮説の発見を導きます．
- 仮説発掘アンケートは，アイデアを一般の人に楽に出してもらい，大量の仮説創出に結びつける手法です．

② **アイデア発想法**：さらに豊富なアイデアから仮説を創造します．ブレインストーミング不要のアイデア創出法「焦点発想法」「アナロジー発想法」「ブレインライティング」からなります．

- 焦点発想法は，自分の好きな単語をベースに大量のアイデアを短時間に導き出す，連想ゲーム感覚の万能アイデア発想法です．少しの練習で，1時間に 30 件のアイデア創出が可能となります．
- アナロジー発想法は「非常識」の発想，「常識否定」の発想をシス

テマティックに行って現状と異なる画期的アイデアを生み出す発想法です．
- ブレインライティングは，「書くブレインストーミング」といわれ，グループでアイデアをどんどん出すのに適した方法です．

③ **インタビュー調査**：仮説を確認し，絞り込み，さらに改良する「グループインタビュー」「評価グリッド法」という2手法からなります．
- グループインタビューは，数名の顧客に集まってもらい，座談会のような議論のなかから仮説を検証したり，新たなニーズを発見する方法です．
- 評価グリッド法は，顧客に一対一でインタビューして，顧客の仮説や商品への評価の構造を探る新しいやり方です．

④ **アンケート調査**：大量の顧客に依頼して定量データを収集し，その分析から仮説を評価し，絞り込みに役立てます．市場調査の定番手法です．

⑤ **ポジショニング分析**：顧客の評価データの構造を図式化して顧客の理想の方向を求め，最高の仮説を推定するとともに，重視度まで推定します．極めて便利な手法です．

⑥ **コンジョイント分析**：各アイデアの重要な要素(価格，材質，色，デザイン，機能・性能など)を取り上げ，これらを組み合わせたパターンをつくり，顧客に提示して点数づけをしてもらいます．そのデータを解析し最適な組合せを求めれば，自動的に新商品の最適コンセプト(購入意向が最高値になるコンセプト，最も売れる商品コンセプト)が得られます．最終段階での企画者の悩みを一掃する，すばらしい手法です．

⑦ **品質表**：顧客の願望や期待を上手に技術に橋渡しする手法です．著名なQFD(品質機能展開)の最初の手法にあたります．

(2) Neo P7 の特長

Neo P7 の特長は以下の2つに集約されます．特に第一の特長が決定的に重要です．

【特長1】 仮説発掘＆新規アイデア重視

　ユニークなアイデアや仮説を大量に出します．これまでのステップでは主に第一の手法・インタビュー調査で仮説を出すことになっていましたが，今や新たな"画期的"ヒット商品創造にはそれでは不足です．巷には商品が溢れています．Twitter，Facebook，ブログなどを通じて多量の商品情報が瞬時に流通する時代になっています．商品企画も次々に新鮮なニーズを発見し，トライする姿勢が求められています．このために前半の①〜③で大量の仮説を出して，優れた案に絞り込みます．具体的には，次のように進みます．

　　① 仮説発掘法で顧客の行動・考えを探り，仮想商品アイデアを追究する．
　　② アイデア発想法でさらにユニークな仮想商品アイデアを出す．ここまでで相当多数(数十〜百件程度)の仮説を得ることができます．
　　③ インタビュー調査で①，②で得た仮説を顧客に問い掛け，どのような商品が良いかの方向づけをする(仮説の絞り込み)．

　これらを④のアンケート調査以降で定量的に検証してさらに絞り込み，明確に売れる案をつくり上げていきます．

　担当者の思いやインタビュー調査からの仮説発掘では正直，「間に合わない」ことが多々あります．例えば多用されている「グループインタビュー」は，費用・時間が相当かかるわりには，新仮説は1回でせいぜい2〜3件ぐらいしか出てきませんし，それが後々否定されることも珍しくありません．そのようなことから，もっと「ワォー！」というくらいの新鮮な仮説がたくさんほしい，というのが企画現場の共通の悩みです．これに応えるのがNeo P7の役割です．商品企画の仕事は大きく，

Neo P7が目指す商品：「すごいものが出ましたね！」

A．従来の商品を改良・改善して他商品に負けないようにする

　B．新商品を創造して新たな市場を創造する

に大別されます（Aが結果的にBになるというケースももちろんあります）．

　どちらかというと，仕事量や商品数・売上額などはAのほうが圧倒的に多いと思いますが，Bのほうが市場へのインパクトが強く，より困難であるがゆえに，より魅力的です．Neo P7が目指すのは，まさにこのBの領域です．

【特長2】ステップの明快さ

　①〜③を「仮説発掘ステップ」，④〜⑦を「仮説検証・発展ステップ」と明快に区分でき，しかも方法論としても，

　　①〜④，⑦　　定性的・創造的方法（右脳的方法）

　　④〜⑦　　　　定量的・解析的方法（左脳的方法）

とわかりやすくなります．その分，企画作業（日程）も前半・後半とステップを進行しやすくなります．従来の商品企画七つ道具（P7）はこの辺が入り組んで出てくるため，やや混乱しがちで，特にアイデア発想法のステップが後半にあるため，最初にまったく新しい商品仮説をつくりたいという人には「？」と思うことがありました．ただし，

　　④　（アンケート調査）は両方の要素を含む

　　⑦　（品質表）は，やり方によっては定量的とはいえない

という点には注意してください．

2.4　従来の商品企画プロセスP7との使い分け

　従来からの方法論P7（商品企画七つ道具）の流れを**図表2.2**に示します．これは1994年に公表したものを2000年に改訂した「王道的な」流れで，P7-2000ともいっています．現在もいろいろな企業で採用され，活用されており，特に

　　「現在市場にある商品を調査し，改革・改善して何とかしたい」

という目的には十二分に活用できます．

　以下，「現行商品の改革・改善」という目的で使うことを念頭に，この流れ

2.4 従来の商品企画プロセス P7 との使い分け

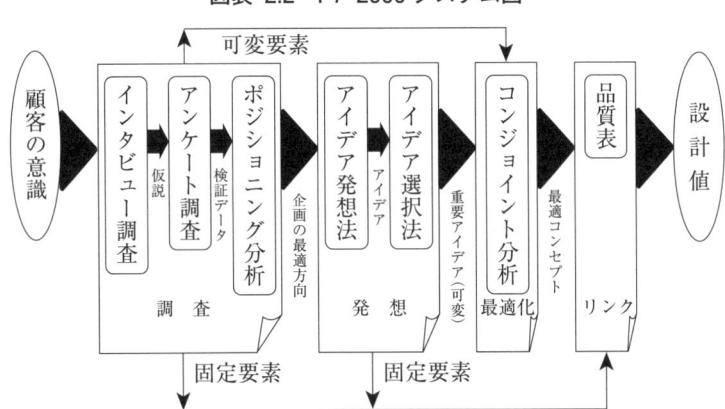

図表 2.2　P7–2000 システム図

を簡単に説明します．詳細は文献 [10][11] を参照してください．

① インタビュー調査

　この流れでは，最初に「インタビュー調査」があり，現行商品に対する意見や潜在ニーズ，つまり見えていないニーズを探り，仮説を立てます．

② アンケート調査

　現行商品を他社品も含めて顧客に評価してもらい，データを収集します．

③ ポジショニング分析

　商品ポジションを示したマップで現行商品と他社品を比較し，改良方向を見出したり，新たなスキマを発見して，仮説を導きます．

④ アイデア発想法

　コンセプトを創造的に展開する手法で，仮説に売れるための面白さやユニークさのアイデアを出していく段階です．

⑤ アイデア選択法

　ポジショニング分析の結果で出てきた評価項目とウェイトをもとに顧客に評価点をつけてもらって総合点の高いアイデアを選択します．

⑥ コンジョイント分析

⑦ 品質表

⑥，⑦は Neo P7 と同様なので省略します．

第3章

仮説発掘法

3.1　Neo P7 以前に

(1)　ターゲット層の決定

　Neo P7 を始める以前に，まず指針となる経営戦略や目標，年次計画などをベースに，ターゲットとなるユーザー層をおおまかに想定し，予備的な情報収集をする必要があります．

　ターゲット層は「若い女性全般」などのようにあまり広げては焦点が絞れず，かといってあまり細かく規定することはお勧めできません．例えば，ワインの商品企画の際に理想の顧客を「24歳・都内のA大学文学部英文学科卒・東京丸の内の商社に勤務するおしゃれな事務系で，月に1回は高級レストランで食事をしてワインを楽しむOL」などと限定しては，（具体的なので想像はしやすいですが）それにとらわれて特定の狭い範囲の仮説に縛られてしまう危険が大きく，お勧めできません．

　この場合，例えばこの後の 3.3 節にもあるように，「20代・30代会社員女性でワインを飲む人(特別こだわっているわけではなく，時々飲む人)」のような，ややおおまかな限定が望ましいです．

　本書で目指すのはあくまでも「外れなし」「失敗なし」にヒット商品を創造する「システム」です．広い範囲から豊富な仮説を創造し，徐々に範囲を(ターゲット層も，仮説も)絞り込んでいくのが順当です．

(2) B to B の場合のターゲット層

　B to C(企業 ⇒ 一般消費者)の場合はわかりやすいのですが，B to B(企業 ⇒ 企業)の場合(部品，原材料，生産機械類，測定・制御機器，オフィス用品など)は対象とするターゲット層の設定に特に注意が必要です．納入する直接の「顧客」は相手企業の購買担当部門や管理部門であったりします．しかし，その使用者は，ものの流れで示すと，

- 一般消費者の場合(B to B to C の場合)
  例えば，
  ー自動車部品メーカー ⇒ 自動車メーカー ⇒ (自動車を購入する)一般消費者
  ー機械メーカー ⇒ 食品メーカー ⇒ (食品を購入する)一般消費者
  ー厨房機器メーカー ⇒ レストラン ⇒ (食事に来る)一般消費者
- 相手企業の技術者・研究者，生産担当者，事務・営業担当者の場合
  例えば，
  ーコピー機メーカー ⇒ (企業のオフィスの)使用者
  ー生産機械メーカー ⇒ (工場の)技術者，製造担当者

であったりします．このような場合，なるべく下流のユーザー層に焦点を当てることを心がけます．真のニーズは直接商品に触れ，利用している人でないと感じたり，思ったりはできないからです．購買担当者はついつい「低価格」「長寿命」「高精度」「高能率」「メンテナンスが楽」といったニーズを優先しがちです．それが重要なのは当然ですが，本当の使用者のニーズを究明して取引相手の「顧客」を説得し，突き動かす，というのが最良の方策です．特に生産財メーカーや中小企業の人たちにはこのような発想が存在しないので，くれぐれもスタートラインを誤らないように願います．

(3) 情報収集

　インターネットや文献での一般的な資料収集から市場動向に関する2次資料(公開されている調査結果，統計図表など)，販売店での実地調査結果を活用します．さらには，次の「仮説発掘法」ともつながりますが，できる限り，ユーザーの直接的な意見を聞きに出かけるとよいでしょう．家庭用品なら家庭に，

オフィス用品ならオフィスに，生産用品なら工場に出向きます．最も大切なのは使われる「場」（シーン）をリアルに知り，想像力を働かせることができるようにすることです．厳密なものでなくてよいので，なるべくリアルな情報収集を心がけてください．

3.2 仮説発掘法とは

　本書で初めて取り上げる「仮説発掘法」とは，従来からインタビュー調査の前に実施することのあった「事前調査」「予備調査」的なやり方ですが，近年，神田研究室での小久保雄介氏ら（文献［18］〜［20］）の研究により序々に方法の改良が進み，その結果一つの手法として提案するに至りました．

　これまでも一般消費者行動の研究から「観察調査」が行われ，例えば，
① 実際の買い物行動をスーパー，コンビニ，一般店舗の現場で視察したり，録画して客観的に観察する．
② 使用場面で直接顧客にインタビューしたり，録画して検討する．例えば，
　・家庭に出向いて主婦の化粧品の使用実態を尋ね，その場で実際に化粧をしていただいて意見交換する（無論ビデオで録画しておく）．
　・RV車の集まるレジャー施設で車の使用の仕方を観察し，運転者と同乗者の意識を突撃的に（予告なしに）インタビューする．

のような調査はしばしば実施されてきました．そこから仮説が生まれ，新商品につながることがあります．

　ただし，実施上は問題点も多々あります．
・大量に実施するには相当の覚悟と予算・時間・人が必要です．限定的にやると，仮説発見には至らない可能性があります．例えば，1時間売り場に立ってみたからといって，わかるはずがありません．
・担当者の技量やコミュニケーション能力，観察眼・洞察力の鋭さが必要で，一般的とはいえません．

　特に初めて商品企画のシステム化を目指す人たちには少々ハードルの高い手法といえます．

また，クレーム情報などの検討も各社でされていますが，どうしても目先の改善(マイナスをゼロにする)で終わることが多く，将来を見据えた画期的商品の企画には至りにくいものです(担当者の力量が高ければそこからジャンプした発想は十分可能ですが)．

そこで，もっと導入しやすく，初心者や技術系の人でモニター(調査対象者のこと)とのコミュニケーションが不慣れな人でも実施しやすい手法として，「フォト日記調査」と「仮説発掘アンケート」を以降で解説します．これらは次のような長所と短所をもっています．

① **フォト日記調査**

　デジタル写真を取り入れた日記で，各モニターの生活実態・使用実態などがリアルにわかります．観察調査に近いのですが，モニターの意見も直接的に収集でき，さまざまな仮説を生むことができます．ただし，後の処理の必要上，ファイルで提出してもらう必要があり，モニター層によってはそこまでできない人もいることと，得られる情報量が多いために，集約・要約するには時間・人手と多少のセンスが必要です．

② **仮説発掘アンケート**

　仮説的なアイデアをモニター自身に書いてもらえるように誘導するアンケートで，神田研究室のオリジナルな手法です．形式とモニターの範囲さえきちんと確定すれば誰でも実施でき，後々の処理も楽で，数百〜千件もの大量のアイデアを得ることができます．ただし，フォト日記調査よりは費用がかかるのと，量が多い分，「どうでもいいアイデア」も多く，質の高い使えそうなものに絞るために時間・人手がかかります．また，アンケート調査票の作成にやや習熟することを要します．

3.3 手法1：フォト日記調査

3.3.1 フォト日記調査の意義

　フォト日記調査とは写真入りの日記をモニターに作成してもらって，対象商品の実態や生活・仕事の状況を記録から調べ，潜在ニーズを探る手法です．日記調査そのものは以前から存在していましたが，なぜ「フォト日記」なのでし

ょうか.

- デジカメ，カメラ付き携帯電話の普及で，誰もが手軽に写真を撮影し，ブログ，Facebook，Twitter，投稿サイトなどにアップできる状況があります．薄くて軽いデジカメ（または携帯電話などのカメラ）の出現で10年前には思いもよらないほど写真の愛好者が増えました（特に女性）．
- これに伴い，撮影の対象も日常のあらゆる場面・人・物にまで広がっています．そのため，写真を気軽に日記代わりに使う人が激増しました．何も書かずに，「写真で何となく記録している」人も多数います．
- 写真は文章では表現できない細かなリアリティを再現できます．例えば，あなたが見たこともない素敵な料理を「文章で表現しなさい」と言われたら，どうしますか？「この写真を見てください」なら簡単にできます．

商品企画では，顧客の使用の背景（どんな場所で，どんな環境で，どんな状況で）も必要です．例えば，若い女性が同じワインを飲んでいても，その状況が，

A. 1人でテレビドラマを見ながら
B. 彼氏と2人で食事をしながら
C. パーティーで友人と会話しながら
D. 家族と旅行先の旅館で海を眺めながら

では，まったくワインへの「入れ込み具合」が違います．無論，味わいも違います．

また，「欲しいワイン」についても状況によって異なる仮説が生まれます．例えば，味でいえばA〜Dの場合，

A. 弾けるような，刺激的な味
B. ロマンティックな，うっとりする甘い味
C. 軽く，爽やかにどんどん飲める味
D. しっとりとして，癒やされる落ち着いた味

などと考えられるでしょう．

これらの「中身」にさらにボトルのサイズやデザインのような「外身」を重ねると顧客の心理，状況に応じた仮説がいくつか立てられます．しかし，これ

らについての「ネタ」がないと頭の中での立案作業に終わってしまいます．すると，「思いもよらない」仮説はなかなか出るものではありません．ごく普通のおいしいワイン，飲みやすいワイン，無添加のワインなどに終わってしまいます．

　そこで，例えば20代・30代会社員女性でワインを飲む人（特別こだわっているわけではなく，時々飲む人）20名に日記を依頼し，ワインを飲んだときの状況を中心に写真と文章で記録してもらいます．ただし，それだけではその人たちの生活状況がわかりませんので，一日の起床から就寝までで必要な事項を日記に記載してもらいます．例えば，

- 仕事内容，忙しさ，疲れ具合

ワインの仮説1：「スナック菓子と合う食後のワイン」

ワインの仮説2：「自分でブレンドして飲むスパークリングワイン」

- 朝食，昼食，夕食とそのとき飲んだもの
- 休憩時に食べたものや飲んだもの

と，その時刻などです．そこまでは要らないかもしれませんが，どのような人なのかの判断材料としてほしいところです．

このような日記の記録から，例えば，

- Kさんのシーン：土曜の夕食後，リビングでDVDの映画を見つつ，スナック菓子を食べながらワインを飲んでいました．
    ⇒ 通常の食事中ではなく，「夕食後に軽く楽しむための，カジュアルなワイン」＝「スナック菓子と合う食後のワイン」という仮説．
- Rさんのシーン：お酒に弱いので，ワインを炭酸水やサイダー，コーラなどいろいろなもので割って飲んで楽しんでいました．
    ⇒ 強い目の炭酸水とセットで「自分でブレンドして飲むスパークリングワイン」という仮説．

これらは通常の会議レベルで発想できるものではないですよね．

3.3.2 フォト日記調査の手順

Stepを追って，事例を用いて実際の要領を説明します．

(1) 計画段階
Step 1 対象モニターの条件を決める

- **属性**：対象商品のユーザー，またはユーザーになりうる「予備軍」です．使っているが，不満をもっている，または使いたいが，躊躇している層が新鮮な潜在ニーズのヒントになる可能性が高いので，最も適しています．
- **人数**：20名前後．あまりに多いと分析が膨大になってしまいます．5〜10名程度では，個人間のばらつきで結果が大きく左右し，やや危険といえます．いろいろな層でとりたい場合は，各層5〜6名程度は確保してください．
- **要望**：写真を撮ることが好きで，かつ文章を書くことが苦にならない人，また，ファイルで提出してもらう都合上，PCやスマートフォンなどで

日記を作成して提出できる人，操作に慣れている人が望ましいでしょう．

Step 2　日記に記録してもらう内容を決める

以下のような内容を日記に書いてもらうこととし，モニターへの依頼文書に記入します．

① 時刻
② 直接テーマに関係する内容
　　購入・飲食・使用などの状況を記述してもらいます．理由や感想・意見を入れてもらうことが極めて重要で，単なる「記録」では役に立ちません．
③ 間接的にテーマに関連する内容
　　服装，生活・行動の記録，部屋や職場の様子・雰囲気など．

③は商品の内容により異なり，行動の理解に必要な範囲内にします．例えば新たな食器の企画をするのに飲食に関係することは当然記録してもらいますが，PCの利用状況を記録してもらうのは，厄介なだけで，有効ではありません．

Step 3　日記の標準フォーマットを作成する

図表3.1のような（だいたいA4判の1ページに1日分）の作成例をつくり，モニターにファイルで配付します．この例は自由な形式のPowerPointファイルですが，後処理を考えると後述する図表3.3のようにExcelの表形式に項目を分けておくと便利です（やや硬い感じになるのは避けられませんが）．

Step 4　簡単なアンケート調査票を作成する

モニターの「人」の特性や行動の集約が容易になるようにアンケート調査票を入れます（後述する6.2節のStep 3の「一般質問」「フェイスシート」を中心にします）．

(2) 実施段階

Step 5　フォーマット，アンケートを配付し，日記記録を実施してもらう

用意できる謝礼の額にもよりますが，7日間通じて連続で行うのはなかなか

図表 3.1 フォト日記の作成例（飲食品の例 1）

たいへんな作業なので，平日2～3日＋休日2日程度が適当です．通常の日＋何か普段と変化のある日という基準で依頼してもよいでしょう．例えば，学生なら「授業＋部活」「授業＋アルバイト」が通常日で，「自宅でぶらぶら」が1日，「デート，遊び」が1日といった具合です．

無論，レジャーや旅行のための商品の調査でないなら，長期の旅行期間や特別な連休・年末年始などは（特殊な状況なので）不可です．

(3) 分析・まとめ段階
Step 6　日記を回収して分析を行う
① 内容の整理

図表3.2のように気軽に多数のテキストが記入されますが，これでは非常に使いにくいので，図表3.3のような統一された整理シートを用意して，順次まとめていきます．ここにはわかる限りの「状況」を記入しておきます．

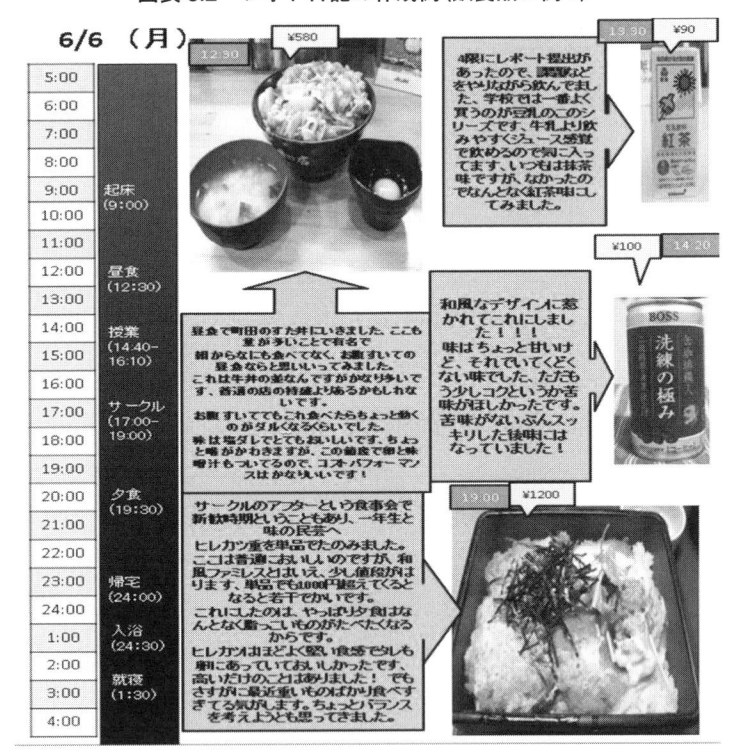

図表3.2 フォト日記の作成例(飲食品の例2)

② 「気づき」の記入

「気づき」にはその内容に対する気分・考え・願望・問題点などを書きます．これはモニターの書いた内容や写真から判断した，私たちの想像・予想でかまいません．あくまでも仮説的なアイデアを導くためのものですから，たとえ論理のジャンプがあってもかまいません．

図表3.3はOLの日記にあった食事の記述から「女性向きランチセット」の企画をする例です．朝食で「おいしいパンを食べたい」「お腹をきれいに」というのは想像であって，日記にはそこまでの願望は記載されていません．

Step 7　日記からアイデアを創出する

Step 6で作成した表を用いて，アイデアを創出して右側の欄に記入していきます．特に「気づき」欄をヒントにします．

3.3 手法1：フォト日記調査

図表3.3 日記からのアイデア創出

食事	内容	状況	気づき（気分・考え・願望）	気づき（問題点など）	アイデア
朝食	パン2個、牛乳、ヨーグルト、コーヒー	ひとり、クラシック音楽を聞きながら	・優雅な気分 ・おいしいパンを食べたい ・お腹をきれいに	・1人暮らし ・帰宅遅い⇒常に焼きたてパンを買えるわけではない ・スーパーのパンはまずい	①優雅なOLランチセット（きれいな包装、きれいなアレンジ、可愛いプレゼント付き） ②極上焼きたてパンのランチ ③お腹きれい⇒美しくなれるヨーグルトランチ
昼食	おにぎり1個、サラダ、スープ春雨	多忙ゆえ仕事しながら（通常外のレストランまたは弁当屋）	・デートのために節食⇒でも楽しい！ ・昼・夜のカロリーバランスを心がける ・栄養を考え、サラダ必須	・仕事しながら机上で食べる⇒楽しくない、PCに危険 ・コンビニ弁当は油っぽい、量が多い ・コンビニの（小さな）サラダ用ドレッシングはまずい	④多忙OLのスーパーランチ(1)⇒左手だけで食べられる中身充実の巻寿司 ⑤多忙OLのスーパーランチ(2)⇒リッチなドリンクランチ ⑥コンビニサラダを主食に！⇒豆腐入りメチャうまソース
夕食	フルコース（前菜～デザート）	都内レストラン	・デートの楽しい気分 ・眺めの良い高層ビル？ ・アート的な料理、おいしい ・良いサービス⇒お姫様気分	・食べ過ぎないよう気をつける	⑦お姫様ランチ⇒週に1度は優雅なランチを（ミニ前菜～ミニデザート入り、1000円～1200円） ⑧デートにも使える、「彼氏と食べるLOVELOVEランチ」⇒愛情たっぷりの可愛いランチ

例えば，**図表3.3**のランチセットの例では，以下のような具合です．
- クラシック音楽＋優雅な気分 ⇒ 優雅なOLランチセット
- おいしいパン＋スーパーのパンはまずい ⇒ 極上焼きたてパンのランチ
- ヨーグルト＋お腹をきれいに ⇒ 美しくなれるヨーグルトランチ

といった具合です．

もし，（幸いにも）大量のアイデアが創出されて困る場合は，次の3.4節の「仮説発掘アンケート」のStep 5～7の方法で選抜します．

Step 8　担当者間でディスカッションを行う

担当者間で最終的なアイデアについてディスカッションし，場合によっては修正・削除したり，新たなアイデアを追加します．

3.3.3　フォト日記調査を上手に実施・活用するヒント

☞ **日記にこまめに記入してもらうことが必要**

あまりにもざっぱくな日記はヒントになりません．また，写真だけ貼り付けても意味不明なものになります．文章は（読むのはたいへんですが）多いほうが助かります．写真も多いほうが状況がわかりやすくなります．

☞ **余計な感想，メモが役立つこともある**

気軽に，「○○な点が大好き！」とか「ここの△△が使いにくいんだけどな」などと書いてくれると（具体的なので）非常に参考になります．

☞ **担当者の感性を高める必要がある**

フォト日記調査は，非常に豊富な素材がモニター自身の言葉によって眼前に提示されますので，初心者や技術系の人たちでも大丈夫ですが，それでもまとめを作成し，アイデアを記入する担当者にきめ細かな感性と想像力・創造力があればそれに越したことはありません．なるべく普段から感覚を磨くように努力してください．大きく目を見開いて，多くの書籍を読み，音楽を聴き，映画や美術工芸に親しみ，おいしい料理に感動し，日用品や雑貨を楽しむようにしてください．

3.4 手法2：仮説発掘アンケート

3.4.1 仮説発掘アンケートの意義

　フォト日記調査は少数の人たちにじっくりと日常を記録してもらって，そこからヒントを得て企画者が仮説を創出する手法ですが，仮説発掘アンケートはまったく異なり，多数の人たちに一定のフォームでアイデアを書いてもらい，優秀作を選ぶという発想です．一般のアンケート調査でよくある，「自由回答」式に「何かあればお書きください」ではなく，ある枠組みのなかで制限をしつつも自由な発想を誘発するような，一定の流れをもったアンケート調査です．

　「何かあれば」ではなく，「そのテーマについて，このように，こんな形式で是非記入してください」式に迫るので，短時間に良い意見を収集できます．フォト日記調査同様に，ネット時代にふさわしい，極めてアクティブなやり方です．

　ブログ，Facebook，Twitter などが全盛ですが，これらは程度の差はあるものの，記入者の自由意思で，その商品に関心をもった人が「気ままに」語ります．系統的でなく，極めて断片的なため，相当高度な感覚をもった企画者が読み取るか，膨大な言語データを解析できる（テキストマイニングして分析する）ソフトウェアと技術がないと難しいでしょう．また，フォト日記調査のように記入者個人の属性や生活状況を知って深く理解することは困難です．

3.4.2 仮説発掘アンケートの手順

　以下では小久保雄介氏（文献［19］［20］）の研究成果を参考に説明を行います．

(1) 計画段階

Step 1　対象モニター（回答者）の条件を決める

　対象モニターの選定はとても重要です．

- **属性**：性別・年齢・職業などの外的な属性はテーマに合わせて選ぶことはもちろんですが，それよりも，その商品（または商品カテゴリー）に興味や関心を抱いており，文章で積極的に書く意欲がある（そのようなことが好き）という条件を満たす人が最も適しています．アイデアをいく

つか書いてもらうためです．
- **人数**：優秀な（意欲的な）モニターが揃っていれば20〜30名でもかまいません．一般的には後でアイデアを選抜するので，人数は100名以上欲しいところです．ただし，アイデアを評価し選抜する担当者は少ないことが多いため，読み取って評価する作業が膨大になることから，500名以上となると，かなり厳しいと思います．

Step 2　アイデア評価担当者を決定する

アイデアを読み ⇒ 評価し ⇒ 選抜する担当者は，技術的難易度や可能性を優先する人よりも，そのアイデアの面白さ，有用さを理解できる人がよいでしょう．この段階では「まったくありえない」ものは除くにしても，「難しそう」なものは評価対象にすべきで，そこからユニークな発想を収集することができます．

Step 3　アンケート調査票を作成する

次のポイントを入れてアイデア記入のアンケート調査票を作成します．

①　2人の友人どうしの会話体で文章を記述

　気軽な気分でサクサクと書けるように，あえて会話調の文章で全体を作文します．図表3.4をご覧ください．対象モニターの性別・年齢層で多少文体を変える必要はありますが，この方法ですと自分が会話の主人公のように感じるため，心理的負担を軽減し，アイデア発想への意欲を促します．

② 　良い商品の長所を記入する欄を設置

　考えやすくするため，使っている（または使うと想定される）良い商品の長所（気に入っている点）を書いてもらいます．短所（不満な点）のみ書いても，提案されるアイデアがその改善的なものになりがちで，あまり有効ではありません．長所を書くことで，良い方向への刺激を与え，新しいアイデアを促します．長所・短所の両方を書くことは有効です．

③ 　その商品に関する他人のアイデアを挿入

　発想を刺激する参考として，アイデアの例を文中に入れておきます．

3.4 手法2：仮説発掘アンケート

図表3.4　仮説発掘アンケートの例（化粧品）

A	最近化粧うまくいってる？
B	そうだね，ベースメイク が調子いいよ。 化粧の調子の良い点をお書きください
A	羨ましいな，何か良い化粧品を知らない？
B	最近は ＊＊＊の〇〇〇〇〇〇 が良さそうだよね。 知っている良い化粧品についてお答えください
A	へぇ～そうなんだ。なんでその化粧品が気になるの？
B	この商品って 成分が濃い ので 化粧品を使うとどのようになるか お肌がしっとりする から良さそうじゃない？ その化粧品を使うとどのような感想か
A	私も使ってみようかな。私が使うんだったら一本でなんでもできる化粧品とか女優並みに綺麗になれる化粧品があればいいんだけどね。
B	それなら高くてもいいから，今は難しいかもしれないけど， 濃厚なのに，ささっとお湯で落とせるクリーム や 新しい化粧品のアイデアを具体的にお書きください 粉で仕上げる必要のないリキッドファンデーション や 新しい化粧品のアイデアを具体的にお書きください デート日などに夜まで化粧直し不要の強力メイク 新しい化粧品のアイデアを具体的にお書きください があったらいいのになぁ。

化粧品の仮説発掘アンケート：まるで
おしゃべりでもしているかのように

「なるほど，このようなアイデアを書けばいいのか」とモニターに発信し，ある意味安心させたり，「自分も考えてみよう」という気にさせる効果があります．

④　その商品を使うシチュエーションを記入する欄を設置（必須ではない）

　毎日多用するものでない場合は，よく使うシーンを書いてもらい，後の参考にします．モニター本人も発想の範囲が具体的になり，考えやすくなります．例えば，デジカメを考えてもらう場合，「仕事でメモ代わ

りに使う」場合と「友人との会食，宴会でスナップに使う」場合は必要な性能・機能がかなり違います．化粧品でも「朝ささっと使う」場合と「夜じっくりケアする」場合では目的がまったく違います．
⑤ 以上のことを参考にして，アイデアを記入する欄を3～5つ設置
指定した欄にモニターにアイデアを書いてもらいます．指定した数を無理に記入してもらうと必ず「どうでもいい」ものが多数出現しますので，一つのみ必須で，他は任意とすべきです．

以上の④以外のポイントを織り込んだ例（テーマは化粧品）を図表3.4に示します．

(2) 実施段階
Step 4 調査を実施し，データを収集する

アンケート調査を実施します．紙による方法でも可能ですが，回答結果が番号ではなくテキストなので，処理量は膨大です．したがって，記入されたものがそのままデータ化できるWebアンケート調査を強く推奨します．

Step 1で述べたように，対象者は100～500名程度．データはExcel形式でまとめておくとよいでしょう．

(3) 分析・まとめ段階
Step 5 アイデアの予備選抜を行う

アイデアは数百件に上りますが，玉石混淆のはずです．これらを評価し，良いもののみに絞らねばなりません．まずは，不要なアイデアを削除します．次の2つがポイントです．

① まったく夢のような，近未来には不可能なアイデア．ただし，一部使えそうなものや，研究すれば不可能ではないものは残します．例えば，次のようなアイデアは削除します．
- 旅行商品で，「太陽系の全惑星を巡る旅」
- デジカメで，「頭でイメージしたものが，眼前になくともカメラに写る」

② ふざけたアイデア，公序良俗に反するアイデア，既存商品にあるアイ

デア，意味不明なアイデアなど．

Step 6　アイデアの本評価を行う

選抜の目標はざっと 30 個以内．後のインタビュー調査で 10〜20 個程度に絞り，アンケート調査で綿密に定量的に評価し，数個に絞ります．そのために，複数の企画担当者が各アイデアに客観的な評価点をつけます．

いくら客観的にといっても，担当者の主観が入るのはやむを得ないことです．主観がある偏った方向から強く入るのを防ぐには，次のことを考慮します．

① 複数の評価項目を用意する．

例えば，実用的そう，役立ちそう，面白そう，ユニーク，楽しそう，女性(男性，若者など)に向いていそう，元気が出そう，感動しそう，買いたくなりそう，など．ただし，

- あくまでも顧客目線の評価項目にしてください．「実現できそう」とか「低コスト」とかは避けます．
- アイデアの数が多いので，項目は傾向の異なる 2〜4 個に絞ります．似たような項目は選ばないようにしてください．

② 視点，考え方の異なる 2 人以上で評価し，平均を用いる．

例えば，事務系＋技術系，男性＋女性など．顧客に近い属性の人をなるべく多く採用してください．

③ 点数は差がつきやすいように，1〜10 点などで採点する．

④ 評価項目の間で重要度が異なると思われる場合は，ウェイトを設定し，重み付きの平均を求める．

例えば，役立ちそう＝ 30％，楽しそう＝ 50％，変わっている＝ 20％，など．この場合，評価の平均が

　　役立ちそう＝ 7.5，楽しそう＝ 4.0，変わっている＝ 6.5 なら，

　　総合点＝ 7.5 × 0.3 ＋ 4.0 × 0.5 ＋ 6.5 × 0.2 ＝ 5.55

となります．

Step 7　残すアイデアを決定する

総合点で，上位 30 個の前後で打ち切ります．ただし，高得点で差の小さい

ものが多数ある場合この限りではありません．また，評価ウェイトの高い重要項目でトップクラスの点数をとったアイデアは，もし総合点で低めになっても（際だっているので）採用しておくとよいでしょう．

Step 8　担当者間でディスカッションを行う

担当者間で最終的なアイデアについてディスカッションし，場合によっては修正したり，新たなアイデアを追加します．

3.4.3　仮説発掘アンケートを上手に実施・活用するヒント

☞ **レベルの高いモニターを選定**

何よりも，この方法は企画者でなく，モニターがアイデアを出すので，モニターのレベルに依存します．優秀なモニターがいればすばらしい結果が期待できます．極端な場合，優秀モニター数名のアイデアのみが残り，他はバッサリ切り捨てられるということも起こりえます．

☞ **適切な評価者を選定**

アイデア評価者の企画への適性，センスが必要です．「若い女性向き」の商品を中高年の男性技術者が評価しても，開発可能性や生産可能性で難しいものは切り捨てられますし，おしゃれで可愛いアイデアは理解できません．

☞ **評価回数が多すぎないように**

1人の評価者がチェックするのは評価項目数×アイデア数だけあります．例えば，評価項目＝5，アイデア数＝200とすると，1人1,000回．これは並大抵の数ではありません．時間があればよいですが，短時間でチェックする場合は，項目数＝3，アイデア数＝200で，1人600回．この程度が限界です．

☞ **評価の順序を変える**

複数の人が同じ順序で評価すると，同じような箇所で疲れてきて，評価に偏りが出ます．評価者により順序を変えましょう．

第4章

アイデア発想法

4.1 アイデア発想法とは

4.1.1 アイデア発想法の意義

　本書(Neo P7)としての発想法の意義については次の 4.1.2 項で述べますが，発想法自体はいつの時代にも通用する非常に高い意義があります．

① ビジネスにおける意義

　　商品企画が優れた商品(感動商品)を考案して市場を席巻すると同様に，ビジネスの大きな目標は優れた戦略で世界を席巻することです．しかし，その戦略の基本は人の出すアイデアです．これは営業活動での営業方法の考案や改革も，生産現場における改善も，皆同じように優れたアイデアが基本です．

　　日常的に流れる仕事は別として，私たちに良き方向への変化を起こさせるものは，たいてい新規の考え方〈アイデア〉です．これが乏しいと，常に同じ問題に陥り，解決できないまま時間のみが流れ，ライバル他社に負けてしまいます．もちろん，アイデアだけあっても「実行力，実現力」がなければ無意味ですが，アイデアがないことはもっと根本的にダメな状況を生んでしまいます．

② 人生における意義

　　仕事のみでなく，進学，就職，恋愛，結婚，家族との生活，友人との関係，……．流れを変え，幸せをつくるのは良き発想です．「皆と同じ」

や「まあまあ」があなたにベストというわけではありません．豊かな画期的アイデアを使って，新たな道を模索してください．

4.1.2　Neo P7における意義

前章の方法でもまだまだアイデアが不足するという場合，あるいは十分に時間や費用をかけられないという場合に，アイデアを多数出す方法がこのアイデア発想法です．したがって，いつも必要というわけではありません．

図表4.1のように，アイデアに至る道は3手法の組合せで実は7通りもあります．3手法全部を使う必要はないのです．どの組合せで攻めるかは商品の性質や企画者の考え，時間や予算によります．多く使うほうがもちろん多数の，かつ良質の仮説が得られます．

アイデア発想法も非常に多くのタイプがありますが，たくさん知っている必要はありません．本章で紹介する，「使える手法」を2～3マスターしていれば十分です．

本章で提案する手法は次の3つです．そのうちの2手法（焦点発想法，アナ

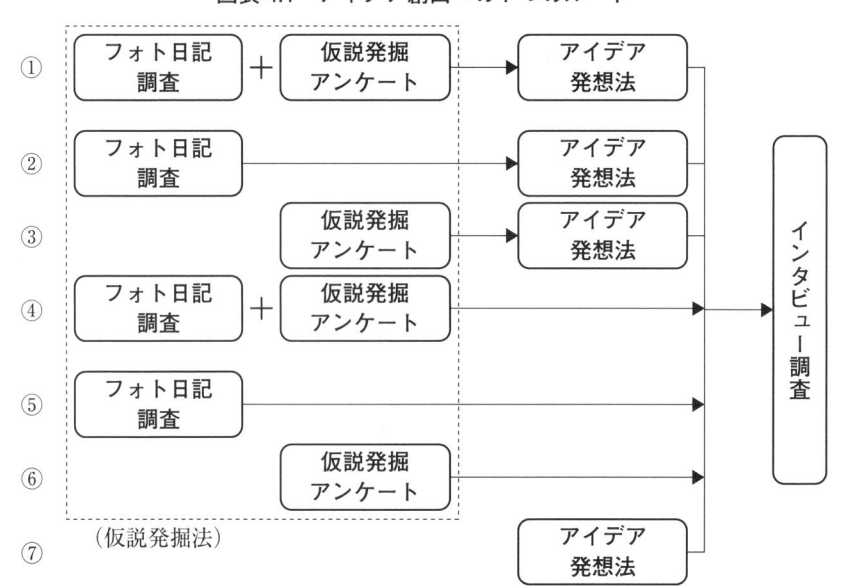

図表4.1　アイデア創出への7つのルート

ロジー発想法)は個人ベースで，自分流のスタイルでできます．また，ブレインライティングは集団的発想法ですが，ブレインストーミングのように競って口頭で発言する形ではなく，紙に書きながら実施するので，プレッシャーの少ないやり方です．

使い分けは以下のようにするとよいでしょう．

① **焦点発想法**：短時間で大量のアイデアを発想したいときに極めて有効で，1時間で約30個前後のアイデアを創出できます．やり方も簡単，慣れれば，いつ，どこででも活用できます．

② **アナロジー発想法**：焦点発想法ほど効率は良くありませんが，常識を否定した，なかなかユニークなアイデアを発想できます．また，既存の商品からヒントを得るので，現状の商品に不満があってそれを打破したい場合に適しています．

③ **ブレインライティング**：数名のグループで会議などで短時間に集中して新しいアイデアを出したい場合に好適です．ブレインストーミングでなかなか良い発想が出ない場合にも，発想の転換ができます．

4.2 手法1：焦点発想法

4.2.1 焦点発想法の意義

初心者でも短時間に大量に良いアイデアをバリバリ創出できる連想型の発想法です．しかも，自分の好きな時間に，自宅でも，電車の中でも，オフィスでもできる方法です．少し練習するだけで，2分間に1個(1時間に30個)のハイペースでアイデアを創出できます．

図表4.2のように，自分の好きな対象(仕事，旅行，スポーツ，食べ物，車，家族，友人，ペットなど，できれば趣味的なもので，いろいろなたくさんのイメージを得られるものがよい)に焦点を当て，そこから出てくる「要素」をキーワードとして，そのイメージからアイデアを連想させます．

あらかじめ左端の「要素」を記入した表を用意しておけば，1時間で20～40個のアイデアを集中的に出せます．

図表4.2 焦点発想法の例1（ビールのアイデア）

「大学」の要素	中間アイデア	ビールのアイデア
パソコン	通信で買える	インターネットで味（ブレンド）を指定して注文．いろいろ試せる挑戦ビール
図書館	古書が眠っている	ワイン並みに寝かせると味が深くなるビール
事務室	締切りにうるさい	予約しないと飲めない，限定版の特殊ビール
池	こんこんと湧き出る	世界のビールセット．6カ国，12カ国セットで販売
噴水	ロマンティック	ルネッサンス調，ロココ調などの格調高いビール（味，ビンともに）
掲示板	何が出るかわからない	ミステリービール（買って飲んでのお楽しみ）
休講	遊びに行く	冷却機能つきビールケース「どこでもビア」
サークル	円形	球形ビン入り，オブジェ風ビン入り
コンパ	一気飲み＝キケン	イッキ対策用上げ底ビール缶＝上部のみ本物ビール，下はニセモノ
ゼミ	神田ゼミ＝最強のゼミ	高濃度のビール．ワインとの中間のビール？
教授	モテモテ→モチモチ	とろっとした新感覚ビール．さわやかさよりも濃密感
食堂	食べては飲む	食事と一緒に飲むためのビール．ワイン感覚で，〜料理に＊＊と揃える
自炊	栄養不足	ビタミン補給，美肌効果をうたったビール．女性向きに
仕送り	すねかじり	かじる（食べる）ビール．アルコール入りで，口中で発泡してさわやか感も
授業料	教える代償	ビールの原料とビンをキットにして売る（自家製ビールセット）
アルバイト	コンビニ＝朝早い	朝食用のビール．低アルコールで，元気が出る
女子学生	ビール嫌いはどこへやら	女性向きの可愛いデザインのビール．すっきり甘口でイタリア料理向き
デート	甘酸っぱい	果実入りのビール．つぶつぶの入っているビール

4.2.2 焦点発想法の手順

図表4.2の例を使って説明します．Excelや罫線の入った記入用紙を使うことをお勧めします．

Step 1 特定の物(事)に焦点を当てる

商品と無関係で，自分の好きな趣味や人・物などに焦点を当てます．"好きな"が重要です（意欲が高くなるので，アイデアが出やすくなります）．ここでは私は大好きな仕事場である「大学」に焦点を当ててビールの新商品を発想します．

Step 2 「要素」の列に単語を20〜30個記入する

まず，大学と関連のある「パソコン」「図書館」「食堂」などの要素をどんどん列挙します．この際，目標である「ビール」のことは忘れます．最初から無理に連想しようとしてもうまくいきません．また，なるべく互いに関連の少ない（バラバラの）単語を書くように努力します．そうすることにより，さまざまな違う視点が得られるので，多数のまったく異なるアイデアを創出することができます．また，「若い」「活気がある」といった形容詞的な語句は避けて，具体的なイメージが出やすい名詞で記入します（**図表4.3**）．

Step 3 「要素」から一つを取り上げる

上から順に取り上げる必要はありません．気に入った単語，イメージの強い単語から取り上げます．ここでは，まず「図書館」を取り上げます．

Step 4 「中間アイデア」を考えて記入する

取り上げた要素はどんなものか，そのイメージを第2列に書きます．「図書館」といえば，何でしょう？　という連想ゲームです．例えば，

　　古い本，たくさんの蔵書，勉強する学生，居眠り…

などありますね．ここでは先頭の「古い本」に着目して「古書が眠っている」と第2列に記入しました（**図表4.4**）．

図表 4.3　焦点発想法の記入例 1

「大学」の要素	中間アイデア	ビールのアイデア
パソコン		
図書館		
事務室		
池		
噴水		
掲示板		
休講		
サークル		
コンパ		
ゼミ		
教授		
食堂		
自炊		
仕送り		
授業料		
アルバイト		
女子学生		
デート		

Step 5　目的の「アイデア」を考えて記入する

次に第3列です．ここではビールの新商品が目的ですので，先ほどの「古書が眠っている」をビールに転換します．ちょっと考えると古書とビールは無縁ですが，

　「古書が眠っている」⇒「古いビールが眠っている」⇒「寝かせるとおいしくなるビール」

と連想させると，熟成させて飲む新しいタイプのビールのイメージが出来上がります（**図表 4.4**）．

4.2 手法1：焦点発想法　　053

図表 4.4　焦点発想法の記入例 2

「大学」の要素	中間アイデア	ビールのアイデア
パソコン		
図書館	古書が眠っている	ワイン並みに寝かせると味が深くなるビール
事務室		

焦点発想法①：　事務室　⇒　締切りにうるさい　⇒　予約制の限定ビール

焦点発想法②：　噴水　⇒　ロマンティック　⇒　格調高いビール

　以下，Step 3～5 を繰り返して左列 ⇒ 中間列 ⇒ 右列という流れで 1 行ずつ完成させます．

- 「掲示板」⇒「何が出るかわからない」⇒「何が入っているかわからない」⇒「ミステリービール」
- 「仕送り」⇒「すねかじり」⇒「かじるビール」

などなど，ギャグ感覚でかまわないので，中間アイデアで得た視点でビールを見ると，次々に新鮮なアイデアが出てきます．普通に「さわやかなビール」

「甘口のビール」などと正攻法で考えてもつまらないアイデアしか出ないですよね．

　図表4.5は私の趣味の一つ，「カメラ」に焦点を当てて「コンクリート」のアイデアを創出したもので，このような一見難しい商品でも20件のアイデア創出が1時間以内で可能です．

　もし，複数のメンバーで実施して，大量のアイデアが得られて困る場合は，3.4節の「仮説発掘アンケート」のStep 5～7の方法で選抜を行います．

Step 6　担当者間でディスカッションを行う
　担当者間で最終的なアイデアについてディスカッションし，場合によっては修正・削除したり，新たなアイデアの追加を行います．

4.2.3　焦点発想法を上手に実施・活用するヒント

☞ **焦点を当てる対象は必ず，商品と無関係なものに**

　デジカメのアイデアを出すのに，スマートフォンを対象に選んでは，あまりに近いために，スマートフォンの機能をデジカメに搭載するようなアイデアが出て，つまらないですね．チューハイからビールのアイデア，バイクから自動車のアイデアなども同様で，画期的なものはなかなか望めません．しかし，大学からビール，カメラから住宅，野球から自動車などからは，まったく予想もできない面白いアイデアが生まれます．

☞ **焦点を当てる対象は趣味などに走り，多様な要素を**

　趣味やスポーツ，旅行，食べ物，家族，友人・恋人，ペットなど自分の最も好きなものに焦点を当てて連想させるといやが上にも創造力がかき立てられ，ハイスピードになります．イメージが豊富で具体的という効果もあります．

　また，なるべく多角的なものを並べるといいでしょう．同様の出発点からは同様のアイデアしか出ません．いくらラーメンが好きだからといっても，

　　「味噌ラーメン」「醤油ラーメン」「塩ラーメン」

と並べてもまったく違うイメージはなかなか出ません．しかし，

　　味噌　メンマ　スープ　コショウ　カウンター　湯切り　札幌

などと並べるとどうでしょうか．

4.2 手法1：焦点発想法

図表4.5　焦点発想法の例2（コンクリートのアイデア）

カメラの特性・要素	中間アイデア	商品アイデア
レンズ	透明感	半透明のコンクリート．ガラスと混合美しく，耐久性あり．美術，建設材料
望遠	伸びる…餅	餅状の伸びるコンクリート．曲面も自由自在．時間が経つと硬化
広角	拡大する	ふくらむ軽いコンクリート．ドームなどに
ズーム	拡大縮小自在	折り畳み可能なコンクリート材
シャッター	開閉できる	コンクリート壁がそのまま開閉する
フラッシュ	発光する	一部がチカチカ光るコンクリート全面でもよい
風景写真	描く	表面に何でも書け，消せ，貼れる便利な壁
夕日	赤く染まる	温度により色が変わるコンクリート暑いと寒色に，寒いと暖色に
使い捨てカメラ	リサイクル可能	完全，簡単に粉砕でき，リサイクルできる素材に
白黒写真	2色→2重	断熱材入りコンクリートで冬暖かく，夏涼しく
セルフタイマー	自分で変わる	年数が経つと味わい深い色に変化し，いつまでも気持ちいい
スパイ用カメラ	見えない	大理石調，木目調，……コンクリートらしくないコンクリート
現像	自分で調整	自宅で超簡単に使えるコンクリート，またはコンクリートアート
プリント	徐々に出てくる	香り入り…桧の香りが出るアロマコンクリート
プリクラ	軽いノリで……	ヘリウム入り・宙に浮く丈夫で軽いコンクリート
暗室	暗くなると……	夜光コンクリート…一部，全体が夜光る
モータードライブ	動く仕掛けつき	壁の一部が回転して収納スペースやカラクリになるオモシロ壁面

メンマ ⇒ 中国，竹，柔らかい，…
コショウ ⇒ 辛い，粉末，かける，くしゃみ，…
札幌 ⇒ 寒い，店の集まる街，雪祭り，…

のように，いろいろ違ったイメージから攻めることができますね．

👆 中間アイデアは具体的に

抽象的，曖昧な単語よりも，具体的でイメージのはっきりしたものがよいです．例えば，

「スープ」⇒「おいしい」

といったはっきりしない単語よりも，

「スープ」⇒「何時間もかける」「いろいろミックス」「秘密いっぱい」「出るまでワクワク」

などのほうがアイデアの源泉になります．

👆 左から右へ記入

まじめな人ほど，1列ずつ，上から下へ記入するように見受けられます．これは連想の糸が次々に途切れてしまいますので，効率が良くありません．

👆 練習しましょう！

最初は数個の単語から出発して，すべてを出し尽くすまでやってください．次に10，20個と拡大してやっていくと，数回で慣れてスムーズに出せるようになります．

目標は1時間に30個です．つまり2分で1つのペース．これは実際やってみると，さほど困難ではありません．1時間続けるのはたいへんかもしれませんが，30分で15個も出せれば，実用上はまったく十分です．

何度もやっていくと，シートは不要になってきて，頭の中でこの連想ゲームを楽しめるようになります．そうなったら，家の中，電車や街の中，オフィスの中で試みてください．面白いように，見たものからアイデアをどんどん出せるようになってきます．達人になると，中間アイデアすら省略し，会議室に入った瞬間に（周囲にあるものから）アイデアを出せるようになります．

👆 アイデアの質は上がります

練習するうちに，アイデアの質も良くなっていきます．最初は10個のなかで1〜2個ぐらいしか気に入ったアイデアが出ないかもしれませんが，次第に

3～4個，そして半分あるいはそれ以上が気に入ったアイデアになってきます．心配は要りません．まず，とにかく，量を出すことから始めてください．

多様な対象に焦点を当てた単語集を

焦点を当てる対象が一つだと中間アイデアが固定化され，またいろいろな商品に対応できなくなります．少なくも3系統くらいの「単語集」を作成しておきます．**図表4.6**はPCに保存している私の単語集(20語×5系統＝100語)で

図表4.6　焦点発想法用の単語集の例

	カメラ↓	大学↓	デパート↓	旅↓	音楽↓
1	ズームレンズ	門	案内係	飛行機	コンサート
2	プリント	教室	エレベーター	弁当	バイオリン
3	シャッター	掲示板	食品売り場	温泉	ドラム
4	デジタル	チョーク	駅	特急	ピッコロ
5	フィルム	時間割	ガラス戸	予約	オペラ
6	高感度	広場	レストラン	湖	バッハ
7	見つめる	笑い声	高級品	お茶	教会
8	マニュアル	若さ	オーダーメイド	自動車	クリスマス
9	タイマー	食堂	屋上	線路	ピアノ
10	現像	教科書	エスカレーター	クレジットカード	合唱
11	色補正	ノート	高層ビル	渓谷	オルガン
12	ぼかし	黒板	バーゲン	カメラ	チケット
13	海の風景	女子学生	テナント	ホテル	ジャズ
14	コントラスト	卒論	美術館	忘れ物	指定席
15	アルバム	教授	婦人服	懐石料理	オーケストラ
16	薬品	研究室	ケーキ	海岸	ライブ
17	肖像	静寂	シャンデリア	ガソリン	演歌
18	額縁	ゼミナール	外商	土産物	ワイン
19	瞬間	旅行	贈り物	休養	CD
20	切り取り	サボリ	包装紙	ロマンス	カラオケ

す．これだけあれば，いつでもたくさんのアイデアを短時間に創出できます．

4.3 手法2：アナロジー発想法

4.3.1 アナロジー発想法の意義

　焦点発想法が「速攻型」「表からのジャンプ法」とすれば，アナロジー発想法は「じっくり型」「裏からの抜け道法」とでもいいましょうか，対照的な方法です．ただ，1人で空き時間などを利用してアイデアをつくれるという意味では共通しています．

　私たちはよく「常識をひっくり返すアイデアを出せ」「非常識な発想をせよ」などと他人に言われますが，実はそれはとても難しいのです．なぜなら，極めて常識的な人間だからです．嫌煙者（最もタバコ嫌いな人）に「喫煙者の気持ちを理解しろ」というのと同じくらい無茶な話なのです．そこで，「常識的に非常識な発想のできる方法」，つまりシステマティックに常識否定のアイデアを出せる方法論として「アナロジー発想法」をつくりました．

　アナロジー発想法のアナロジー（analogy）とは類似，類比の意味で，逆転 ⇒ ヒント ⇒ 類比と発想を転換していくところから名づけました．とにかく，その商品についての常識を何でも逆転させ，そこから新たなヒントを取り出すので，常識否定のアイデアに直結します．

4.3.2 アナロジー発想法の手順

　図表 4.7 がアナロジー発想法の完成版の例です．焦点発想法に比べステップがやや長いですが，左端から右端に進むことは変わりません．

　まず，対象商品（新たなアイデアを出したい商品）を一つ決めます．もちろん，サービスでもかまいません．この表では例として前節のビールの次ということで，「日本酒」を取り上げ，新たな日本酒のアイデアを創出します．

Step 1　その商品の「常識」を左端の欄に記入する

　日本酒の常識を思いつくままに列挙し，左端列に書きます．焦点発想法のように多数は無理ですが，できれば10個ぐらい記入しましょう．このとき，焦

4.3 手法2：アナロジー発想法

図表4.7　アナロジー発想法の例（日本酒のアイデア）

常識	逆設定	問題点	キーワード	アナロジー	アイデア
アルコールあり	アルコールなし	酔わない	気分で酔える	ノンアルコールビール	ノンアルコール日本酒または低アルコール日本酒
飲み過ぎる＝飲んだ量がわからない	飲んだ量がわかる	どうするか？	計れるグラス	メートルグラス	おしゃれな目盛り入グラス
酒の臭いがする	酒の臭いがしない	日本酒らしくない	良い香りがする	フルーツ，花	フルーツ，桜の香りなどのお酒
中年男性っぽい	若者・女性が好む	味・パッケージ？	フルーツ味・モダンなデザイン	（おしゃれな）ワイン	とことんおしゃれなラベル，ボトル
米から作る	米から作らない	原料を何にするか	そば，もち米，麦，いも…	醸造酒(ワイン，ビール，日本酒)	そば原料＋日本酒製法の新酒
和食に合う	洋食に合う	味，香りが洋食向きでない	新しい味	白ワイン，赤ワイン(料理に合うワイン)	料理の味に合わせて数種類の新しいカテゴリーをつくる

点発想法と同じように，なるべくお互いに関係の薄い常識を記入したほうが，まったく方向の異なるアイデアを創出できます（**図表4.8**）．

Step 2 「常識」をすべて否定し「逆設定」の欄に記入する

　常識のなかのどれかからスタートし，焦点発想法と同様に左⇒右へ，横の行に沿って記入します．

　まず，常識の逆，否定形を考えて記入します．例えば，**図表4.8**で「和食に合う」は日本酒にとっては当然の常識です．これを出発点にしてみます．

　否定形は「和食に合わない」「和食以外（洋食，中華）に合う」「洋食に合う」などいくつかありますが，ここでは「洋食に合う」としてみます（**図表4.9**）．

図表 4.8　アナロジー発想法の記入例 1

常　識	逆設定	問題点	キーワード	アナロジー	アイデア
アルコールあり					
飲み過ぎる＝飲んだ量がわからない					
酒の臭いがする					
中年男性っぽい					
米から作る					
和食に合う					

Step 3　「逆設定」によって生じる問題を「問題点」に記入する

　常識の逆をつくってしまったので，必ず何か問題が発生します．

　「洋食に合う」日本酒は概念からして違和感があります．味も香りもかなり洋食とは合いそうにないものになるはずです．そこで「味，香りが洋食向きでない」と記入し，問題点を明確にします（**図表 4.9**）．

　問題点は「香りがきつい」「パッケージも商品名も合わない」など複数発生するかもしれません．この場合，最も大きな問題を書くか，複数行に列挙してそれぞれ解決を図るようにしましょう．

　また，欠点や不満点を「常識」に書くと「逆設定」は不満を解消したものになり，「問題点」は「ない」と書きたくなりますが，それを実現するうえで問題が発生するはずですから，その問題点を書いてください．**図表 4.9** の上段の例では

　　常識：中年男性っぽい（欠点として書きました）
　　⇒ 逆設定：若者・女性が好む

となりますが，これ自体は問題ではなく，「どう実現するか」が問題になるのです．そこで，

　　問題点：味・パッケージ（をどうするか）？

図表 4.9　アナロジー発想法の記入例 2

常識	逆設定	問題点	キーワード	アナロジー	アイデア
中年男性っぽい	若者・女性が好む	味・パッケージ？	フルーツ味・モダンなデザイン	(おしゃれな)ワイン	とことんおしゃれなラベル，ボトル
米から作る					
和食に合う	洋食に合う	味，香りが洋食向きでない	新しい味	白ワイン，赤ワイン(料理に合うワイン)	料理の味に合わせて数種類の新しいカテゴリーをつくる

となります．

Step 4　問題点を解決または回避する「キーワード」を記入する

Step 3で書いた問題点を解決する方策を考えます．別法，裏道，バイパスなどいろいろ思いをめぐらして考えましょう．ここは重要なポイントなので，できれば，2個以上考えてください．

先の「和食に合う」の例では「(洋食に合う)新しい味」の追求となりましょうか．ほかにも「味を薄くする(薄くして何にでも合うようにする)」という方策もありえます．また，「中年男性っぽい」では「フルーツ味・モダンなデザイン」をキーワードにしました(図表 4.9)．

Step 5　アナロジー(類比)を考えて記入する

Step 4で考えたヒントの方向で，既に存在するものやシステム，サービスあるいはその実現を助ける手段・方策を考えます．アナロジー自体がアイデアになることもあれば，アナロジーを転換したり，他と結びつけることでアイデアにできることがあります．

先の「和食に合う」の例では「白ワイン，赤ワイン(料理に合うワイン)」がアナロジーになります．これは日本酒に連想させることは可能です．同じような形態にする必要はありませんが．「中年男性っぽい」では同様に「(おしゃれ

な）ワイン」を記入しました（図表 4.9）．

Step 6　目的の「アイデア」を考えて記入する

以上のステップから得られたヒントをもとにして商品アイデアを考えます．「和食に合う」の例では「（洋食の）料理の味に合わせて数種類の新しいカテゴリーをつくる」としました．例えば，

- スパイシー料理に合う日本酒（例えばカレーの魅惑的なスパイスの香りに合う日本酒をつくったら楽しいですね）
- ステーキに合う日本酒
- パンに合う日本酒
- 甘いデザートに合う日本酒

などなど．常識をひっくり返されて，けっこう画期的です．

また，「中年男性っぽい」では「とことんおしゃれなラベル，ボトル」と外見にこだわったアイデアにしました（図表 4.9）．

以下，Step 2～6 を繰り返して常識⇒逆設定⇒…⇒アイデアという流れで，1 行ずつ完成させます．

もし，複数のメンバーで実施して，大量のアイデアが得られて困る場合は，3.4 節の「仮説発掘アンケート」の Step 5～7 の方法で選抜を行います．

Step 7　担当者間でディスカッションを行う

担当者間で最終的なアイデアについてディスカッションし，場合によっては修正・削除したり，新たなアイデアの追加を行います．

4.3.3　アナロジー発想法を上手に実施・活用するヒント

☞ **常識をたくさん探し，たくさんひっくり返す**

あまりにもその商品を日常的に扱っていると意外に常識が見えないかもしれません．例えば，テーマが「電車」の場合，「混雑している」「遅れる」「事故で止まる」「暑い」などの不満は山のように出ますが，ごく基本的な

電気で動く／車輪がある／レールの上を走る／車両に分かれている／駅がある／誰でも乗れる／切符やパスが必要

などは忘れがちです．「基本」を根底から変えるのはなかなかたいへんですが，うまくいくと異なる方向のアイデアに発展する可能性があるので，試みてください．

☞ キーワードはなるべくたくさん挙げる

一つの方策・ヒントにこだわってはいけません．解決策の入口になるキーワードはなるべく多く抽出するように心がけてください（厳しいとは思いますが……）．

「和食に合う」の例では，
　　キーワード：「（洋食に合う）新しい味」
とは逆の発想で，
　　「日本酒に合う洋食を探す」
というキーワードであれば，従来の日本酒を変える必要はないので，まったく異なる仮説に進んでいく可能性がありますね．あるいは，
　　「日本酒とワイン（またはウイスキー）を融合させる」
　　「日本酒ベースの新たなカクテルの創造」
と考えたら，感動的な新しい世界が広がるかもしれません（無論失敗の可能性もありますが）．

4.4 手法3：ブレインライティング

4.4.1 ブレインライティングの意義

世界で最も有名なアイデア発想法，「ブレインストーミング」は会議のなかで対話しながらアイデアを出すのが基本で，いわば「口から」アイデアを出す方法です．しかし，欧米人や中国人などに比べると日本人はまだまだ口数少なく，控え目です．これはドイツでも同様であったらしく，ホリゲル(Holiger)は「人前でどんどん話すタイプではない」ドイツ人には，書くほうがやりやすいことから「紙にアイデアを記述する」形式の発想法を1968年に考案し，「635法」と名づけました．6人が3個の発想の種を書き，それを5分ごとに展開していく，という意味です．さらに，ドイツのバッテル記念研究所はこれに「5分ごとに紙を回す」という工夫を加えて，他の人の創意がどんどん加わる

仕掛けをつくりました．

　この手法は全員が発言せずに黙々と紙に記入し，しかもそれを制限時間が過ぎると隣に回していくというユニークな手法です．少人数ながら互いに考え方の違うメンバーの意見を融合・活用して次々に展開させますので面白いアイデアが出ますし，メンバーの個性もわかり合えてコミュニケーションが良くなる効果があります（ブレインストーミングでは発言しない人がいても，ブレインライティングでは必ず書きますので，皆が発言したような効果が上がります）．

　人数は6名でなくとも，4〜8名程度なら柔軟に伸縮できます．グループで楽しく（しかしきちんと）アイデアを出すには最適です．

4.4.2　ブレインライティングの手順

　ものでもサービスでも，どんなテーマでも活用できます．「何も決まっていない」「アイデアがほとんど（まったく）ない」状況のほうが役に立ちます．ここでは「（通勤用）電車」で例を示します．

Step 1　メンバーを揃え，準備する
- **人数**：人数は原則6名ですが，3名以上なら大丈夫です．多くても7〜8名が限度でしょう．それ以上なら，2グループに分けるべきです．
- **座席**：円形に座れると一体感が増して好ましいようです．四角形でもかまいません．全員が1列に座るのは好ましくありません．
- **用紙**：図表4.10のような記入用紙を人数分用意し，配付します．

Step 2　第1行（No. 1）に全員が願望・ウォンツを記入する

　進行係を決め，その人の合図で第1行に全員が3個ずつ願望・ウォンツを記入します（図表4.11）．次々に他の人に引き継いで発展させてもらいますので，最初から具体的なアイデアを書いてはいけません．

　　　（例）　　×　混雑度を測る装置があるといい　　〇　混雑しない

　　　　　　　×　騒音カットの車両が欲しい　　　　〇　静かな車両

4.4 手法３：ブレインライティング

図表 4.10　ブレインライティング記入用紙

回数／記入者	アイデア A	アイデア B	アイデア C
No.1 (　　)			
No.2 (　　)			
No.3 (　　)			
No.4 (　　)			
No.5 (　　)			
No.6 (　　)			

図表 4.11　ブレインライティングの記入例１

回数／記入者	アイデア A	アイデア B	アイデア C
No.1 (A)	混雑しない	静か	暑くも寒くもない
No.2 (　　)			
No.3 (　　)			

Step 3　5分後に全員が左手（または右手）の人に記入用紙を回し，第2行（No.2）を記入する

　回って来た用紙の第1行には隣の人の願望・ウォンツが3個記入されています．これを読んで，そこから連想されることや，少し具体化したこと，イメージの範囲を狭めた内容を5分間で記入します（**図表 4.12**）．まだ先が4回ありますから，詳細に書く必要はありません．先の例なら，

　　混雑しない ⇒ 混雑しても押し合わなければよい

　　静か ⇒ 音を立ててもかまわない方策

といった具合です．

Step 4　同様に 5 分ごとに記入用紙を回し，来た用紙に次々に記入する

　5 分ごとに進行係が合図したら紙を回し，そこまでの内容を読み，変形したり発展させて隣に回します．記入が未完成の人がいてもやめさせて隣に送ります．これが 6 回(No.6 まで)反復され，計 30 分で終了します(図表 4.12).

　人数が 6 人ではない場合も，とにかく 6 回目まで回して終了します．

Step 5　シートを最初の人に戻す

　No. 6 まで記入し終わったシートを，No. 1 を書いた人(最初に願望を提起した人)に返します．自分のまいた種がどのように発芽し，開花(あるいは落花?)したかがわかり，なかなか楽しい瞬間です．

図表 4.12　ブレインライティングの記入例 2

回数／記入者	アイデア A	アイデア B	アイデア C
No.1 (A)	混雑しない	静か	暑くも寒くもない
No.2 (B)	**混雑しても押し合わなければよい**	**音を立ててもかまわない方策**	**温度一定**
No.3 (C)	仕切り壁を入れる	この車両だけは騒いでも OK	エアコンだけでなく，季節感の演出もほしい
No.4 (D)	携帯で予約できる超小型パーティション個室電車	テーマ別車両をつくったらどうか？	天井に液晶画面 夏は魚が泳ぐ渓流 冬は暖かそうなコタツとネコ
No.5 (E)	その電車，2 階建てにしたら？	・眠れる静粛車両 (個別タイマーで起こしてくれる) ・音楽ガンガン車両	思い切って，壁も天井も全部液晶にしたら？　高いけど
No.6 (F)	**混雑時だけ 2 階建て～3 階建てのパーティション個室電車を走らせてよ**	**PC を中央の大きなテーブルに置いて使える車両 (電源多数装備)**	**いっそ窓もなくして，テーマパークのような超気持ちいいシアター電車(降りたくないかも)**

ブレインライティング：「ブレインストーミングより，やりやすいね」

Step 6　良いアイデアを絞り込み，グループ内で発表する

後半部分はユニークなアイデアが出ることが多いので，じっくり読んで，「これはいいかも」と思うアイデアを記号や○などでマークします．さらに，皆でそれらを発表し合い，互いに評価します．

もし，大量のアイデアが得られて困る場合は，3.4節の「仮説発掘アンケート」のStep 5〜7の方法で選抜を行います．

Step 7　全員でディスカッションを行う

全員で最終的なアイデアについてディスカッションし，場合によっては修正・削除したり，新たなアイデアの追加を行います．

4.4.3　ブレインライティングを上手に実施・活用するヒント
☞ **メンバーの多様性が必要**

同じような人の集団より，性別・職種・年齢など多様な人たちの集団のほうが面白い発想が出て，互いに比較検討できるので良い結果が期待できます．ただし，あまり極端に目標や考え方の違う人を無理に集めると，発想が理解できないため，連鎖的に行うこの手法そのものが成り立ちません．

また，高齢者や生真面目な人はどうしてもじっくり考え込んでしまうため，最初や2回目はともかく，3回目以降ぐらいになると5分間では足りなくなってしまいます．やむを得なければ，後半は多少時間を延ばしてください．

図表 4.13 ジャンプとストップ

回数／記入者	アイデア A	アイデア B	アイデア C
No.1 (A)	混雑しない	静か	暑くも寒くもない
No.2 (B)	**混雑しても押し合わなければよい**	**音を立てても構わない方策**	**温度一定**
No.3 (C)	みんなドア近くに立たずに奥に入ればいいのに	この車両だけは騒いでもOK	エアコンだけでなく，季節感の演出も欲しい
No.4 (D)	携帯で予約できる超小型パーティション個室電車	テーマ別車両を作ったらどうか？	天井に液晶画面 夏は魚が泳ぐ渓流 冬は暖かそうなコタツとネコ
No.5 (E)	その電車，2階建てにしたら？	・眠れる静粛車両（個別タイマーで起こしてくれる） ・音楽ガンガン車両	何時に着くかわかるといい
No.6 (F)	**混雑時だけ2階建て～3階建てのパーティション個室電車を走らせてよ**	PCを中央の大きなテーブルに置いて使える車両（電源多数装備）	液晶表示にすべての駅の到着予定時刻を出してほしい（遅れたら，その分も予測して）

No.2→No.4 アイデアAからBへ：ジャンプ
No.4→No.5 アイデアCの下：ストップ

ジャンプやストップの技

図表 4.13 に示すように，前の人の意見が気に入らない，おかしいと思ったら，2つ3つ上のセルから矢印を引いて関連づけてもかまいません（ジャンプ）．また，前のセルでアイデアが完成し，追加も変形もできないと思ったら，セルの下側に太い線を引いて終了させ，自分はまた違う願望を記入して再スタートさせることができます（ストップ）．

ネット上でも可能

数名がネットでつながれば，メールなどを一定時間ごとに同時に送信することで擬似的にブレインライティングを実施することが可能です．

第5章

インタビュー調査

5.1 インタビュー調査とは

　インタビュー調査はその名のとおりに顧客に対面型のインタビューを行い顧客から本音を引き出す方法です．Neo P7 では以前の P7 と同様に，

① グループインタビュー

② 評価グリッド法

の2つの方法を取り上げます．この他にもいくつかの方法があり，この2つでないと困る，というわけではありません．大切なのは，いきなり時間も費用も相当にかかる定量的な調査に入るのではなく，顧客の意見を直接的に，定性的に把握して良好な仮説を確立することです．

　ただし，ここまでで（仮説発掘法，アイデア発想法で）**必ず強力な仮説案が構築**されていますので，インタビュー調査は従来のような「仮説発掘型」よりは，「仮説検証型」にしましょう．そうすることによって，

- 特にグループインタビューでボトルネックとなる，司会者の力量にさほど重点がかかりません．「有能な司会者」でなくともできるようになります．
- また，インタビュー自体も目標が「潜在ニーズの発掘」「仮説出し」「予想外の発見」という，最も重い課題から解放されますので，かなり楽になります．

①，②の2つの手法は目的とやり方が極めて対照的です．

グループインタビューは，ユーザー（またはユーザーになりそうな人を数人集めて自由な意見交換をしてもらい，そのなかから，新商品のヒントを得る手法で，参加者が積極的で，司会者が上手なら，グループ内の心理的な相乗効果による成果が期待できます．ただし，数名が場所と時間を共有する（集まる）ことが必要で，それだけ制約はきつくなります．先入観を与えないように，また，言いにくいことも気軽に言えるように，第三者（リサーチ会社など）に司会を依頼して実施することが比較的多いといえます．

　評価グリッド法は，グループインタビューに比べて自由奔放でユニークな意見は出にくいのですが，一対一の形式で一定の評価対象を一定の方式で評価してもらうため，時間や場所の制約が少なく，インタビューは（ほとんど）誰でもできます．何人かに対して実施すれば，顧客の評価構造を把握して，適切な評価用語を発見できます．予想外の評価基準を発見できれば，それは新たな潜在ニーズの糸口となります．アンケート調査の予備調査としても極めて有効です．

　ただし，既存の商品をベースにして行うため，内容がはっきりと提示できない仮想の商品・サービスの比較は少しやりにくいという問題があります．

5.2　手法1：グループインタビュー

5.2.1　グループインタビューの意義

　グループインタビューは司会者（モデレーター）が顧客数名の会話を通じて心理の深層に入り込み，顧客のニーズを探る手法で，わが国でも代表的なマーケティング手法として人気があります．

　基本的に1回限りのグループインタビューでは「その日にそこに集まった特定の人」の意向で結論を出すことになるので，偏りを避けるために複数回の実施を想定してください．

5.2.2　グループインタビューの手順

　グループインタビューのStepは，計画段階，実施段階，分析・まとめ段階の3つに分かれます．Step 1〜6は計画段階，Step 7〜8は実施段階，Step 9〜10は分析・まとめ段階です．

(1) 計画段階

Step 1　目標を設定する

　まずは，目標を明確にしましょう．そこから誰を（どんな人を）呼ぶか，何を聞くかも出てきます．何となく，とりあえず集めて聞くか，ではグループインタビューの成果は上がりません．

Step 2　全体の大まかな構図を決める

　何回実施するか，各回でどんな人にお願いして，各々（大ざっぱに）何を聞くか，の計画を立てます．これはあくまでも概略でかまいません．だいたい一つのターゲット層で最低1回は行いますので，2～3回は必要になります．性別・年齢・商品の使用頻度などで分けるとどんどん多くなりますが，あえて混合チームにすることにより意外な意見が出る可能性があります．

Step 3　司会者，参加者（条件），場所を決める

　司会者（モデレーター）はまさにグループインタビューの要(かなめ)です．緊張感を和らげながらも，参加者を高揚できる人が最も望まれます．話し上手というよりも聞き上手というタイプです．できれば（関係者ではない）第三者に依頼するのがよいでしょう．参加者とともに調査会社に依頼する方法があります．もちろん，企画者が担当する場合もあります．司会者と企画者が同一でない場合は，なるべく早い段階から両者の打合せが必要です．

　参加者は内気でおとなしい人よりは，積極的に話す明るいタイプが望ましいのですが，事前にはわからないことが多いものです．この段階では性別・年齢・職業，その他の属性の条件を考慮します．

　場所はグループインタビュー専用スタジオが設備の点で最高です．代用としてはレンタルの会議室などでも大丈夫ですが，自社の会議室は参加者に先入観を与える可能性が高いので避けるべきです．

Step 4　参加者を募集（リクルート）する

　参加者はできれば知己・友人・社員などではない，一般の人にします．顔見知りのほうが集めやすい，対話をしやすい，盛り上がりやすいのは確かですが，

特定の層に固まって，偏った意見になるリスクがあります．

　費用はかかりますが，調査会社に依頼すると細かな条件の指定にも対応してもらえます．条件が細かいほど手間がかかるわりに該当者が少ないので，依頼に時間と費用がかかります．通常は数問の希望条件についてアンケート調査を大量の人に行い，そのなかから選抜してもらいます．

Step 5　シナリオをつくる

　質問項目を配列したもので，司会者が臨機応変にぱっと目をとおせるものが望まれます．詳細に書き過ぎると，それにとらわれてしまい，進行がうまくいきません．

　順序としては

　　自己紹介 ⇒ 現状（購入・使用の状況）⇒ 不満に感じること ⇒ 要望・願望 ⇒ アイデアの評価

と進行するとよいでしょう（**図表5.1**）．アイデア評価は既に絞り込まれているなら数件をじっくりディスカッションしてもらいます．また，多数評価してもらうなら，**図表5.1**のようなやり方で30個程度までは可能です．

Step 6　（できれば）予行演習を行う

　いきなり本番，では司会者が緊張してなかなか要領を得ないし，時間配分もわかりませんので，知己，社員でもよいので，1度事前に予行演習を行うのが理想的です．本番で2時間を予定していても，2時間の予行は厳しいので，（質問事項を減らした）短縮版で大丈夫です．場所ももちろん普通の会議室でかまいません．そのような施設を使えなければ，カフェなどでもかまいません．

(2)　実施段階

Step 7　場所，機材を準備する

　騒音のない部屋で，円形，または楕円形のテーブルがあると話しやすいものです．なるべくゆったりした椅子を用意します．ビデオ録画と録音の機材があるとよいでしょう．後でまとめをつくる際に参考にします．プロの速記者を依頼できる場合は，後のまとめが非常に速く，楽になります．

5.2 手法1：グループインタビュー

図表 5.1　グループインタビュー・シナリオの例（目覚まし時計）

対象：目覚まし時計を持って，現在使っている方

［自己紹介］	・自己紹介（使用中の時計も同時に語ってもらう）
［現　　状］	・購入した時計の理由
	・購入した店，その理由
	・使っている部屋，部屋での置き方
	・仕事・睡眠と目覚めの状況，その理由
［不満・要望］	・使用中の時計の不満とそれに対する要望
	（機能，時刻精度，デザイン，電池消耗，使いやすさ，
	セットしやすさ，面白さ，アラーム音色，価格など）
［アイデア評価］	・アイデアリストの評価（まず，読んでもらってから）
	① 「最も購入したい」と思う案を3つ以内選択し，その理由を聞く．
	② 「絶対いらない」と思う案を3つ以内選択し，その理由を聞く．
	③ 「これは面白い」と思う案を自由に挙げてもらい，その理由を聞く．
	④ 各案に10点満点で総合評価点をつけてもらう（アンケート票へ記入）．

Step 8　インタビューを実施する

　実施する際は Step 5 で作成したシナリオに沿って司会を進めます．最初に自己紹介しながら親しくなれるようにジョークなどを交えて雑談を促します．

　注意すべきポイントは，

① 司会者と参加者が一対一で順番に対話する形式はなるべく避け，出席者間相互の対話を促します．自然に「そうそう…」「そういえば…」「でも…」などと話がつながっていくのがよく，対話が弾んでくると，予想もしなかったことが語られるものです（**図表 5.2**）．

② 質問に「なぜ」「どうして」を頻繁に入れます．理由が答えられない場合は想定されるような選択肢をヒントに出す必要があります．理由を明確にしないと，「何となく」では企画に結びつけることが難しいのです．

③ 重要な質問，アイデアリストの提示は後半に回します．最初に答えや

図表 5.2　グループインタビューの悪い例（左）と良い例（右）

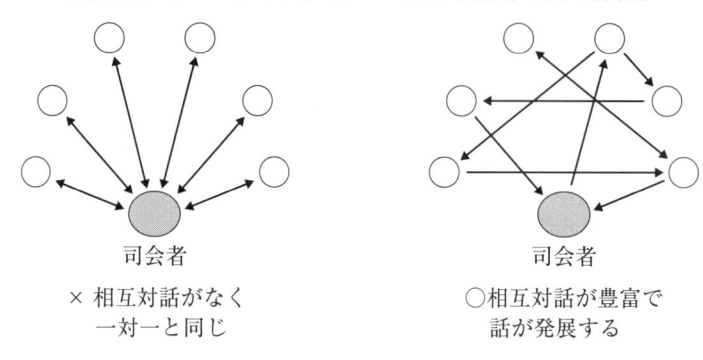

　　司会者　　　　　　　　　　司会者
× 相互対話がなく　　　　○相互対話が豊富で
　 一対一と同じ　　　　　　　話が発展する

図表 5.3　グループインタビューの記録用紙

質問内容↓	氏　名⇒					
	属　性⇒					

すい現状についての質問をすると，だんだんと和んできて，話がスムーズに進行して本音で語ってもらえるようになります．

④　司会者以外の企画者はインタビューの様子を見守りつつ，記録側に回ります．特定の突っ込みや修正・追加などが必要なら途中や休憩時に司会者に連絡します．図表5.3のような参加者別の発言記録用紙を用いるとよいでしょう．

(3)　分析・まとめ段階
Step 9　記録のまとめを行う

得られたデータは言語であり，定性的であることを踏まえると，何らかの整

理・構造化の手段が必要になります．決まった方法論はありませんが，参加者別，テーマ別に表形式に要約したり，発言をカードに記述し，KJ法(親和図法)で発言間の関係も含めて整理することを勧めます．構造的に見やすく，わかりやすいことが必要で，重要発言や皆が賛同した発言はマークするなり色分けするなりして区分してください(**図表5.4，図表5.5**)．

アイデア評価は**図表5.6**のように，プラス意見・マイナス意見／多数意見・少数意見を見やすく表示し，評価点を付けた場合はその平均と標準偏差(平均からのばらつきの程度)を求めておくと相互に比較しやすくなります．

本書ではインタビューを重視していますが，これですべてを把握すべきとは考えていません．以下のステップで定量的に(精密に)検証するので，インタビュー結果の分析に対して過大に期待したり時間を消費せずに，「整理」という感覚で捉えれば十分です．

Step 10 　担当者間でディスカッションを行う

担当者全員で参加者の発言や，得られた評価結果，新たに出たニーズなどについてディスカッションし，場合によってはここまでの知見を修正・削除したり，新たなアイデアを追加します．

5.2.3 　グループインタビューを上手に実施・活用するヒント

👆司会者・参加者の選定が極めて重要

上手な司会者と積極的な参加者が集まれば，まずそのインタビューは半分成功といえます．身近で司会者も参加者も揃えれば低コストで楽ですし，大きな成果を得ることもありますが，一般的には，「それなりの効果」にとどまることになります．不慣れな司会者で対話が発展しないことや，特定の限られた参加者の意見になってしまうことが多くなります．

調査会社に依頼した場合，参加者については，正確に希望する属性(性別・年齢・家族構成・地域・職業はもちろん，「〜を使用している」「〜をよく買う」など)の人を集められますし，高めの謝礼が出るのでモチベーションがある程度高いことを期待できます．

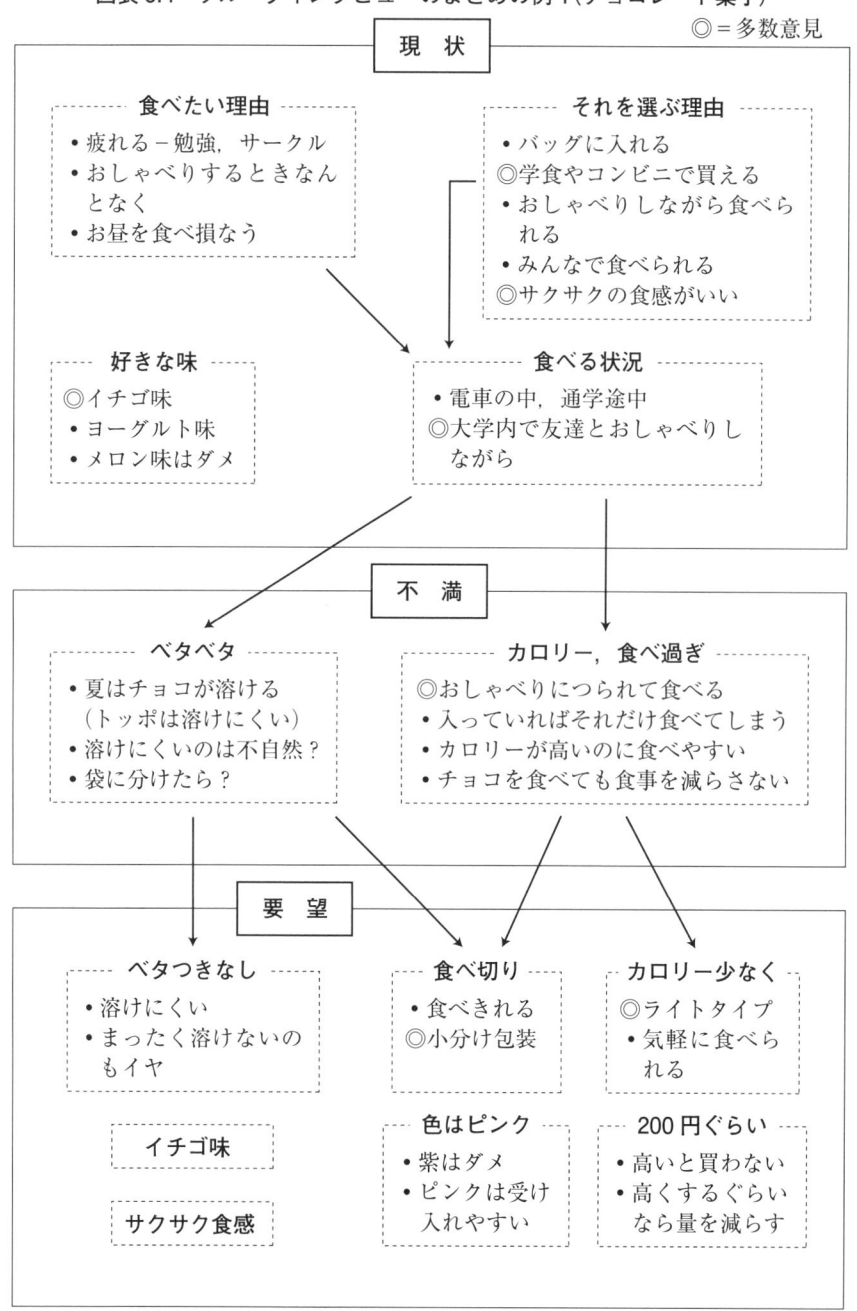

図表5.4 グループインタビューのまとめの例1（チョコレート菓子）

◎＝多数意見

現状

食べたい理由
- 疲れる－勉強，サークル
- おしゃべりするときなんとなく
- お昼を食べ損なう

それを選ぶ理由
- バッグに入れる
- ◎学食やコンビニで買える
- おしゃべりしながら食べられる
- みんなで食べられる
- ◎サクサクの食感がいい

好きな味
- ◎イチゴ味
- ヨーグルト味
- メロン味はダメ

食べる状況
- 電車の中，通学途中
- ◎大学内で友達とおしゃべりしながら

不満

ベタベタ
- 夏はチョコが溶ける（トッポは溶けにくい）
- 溶けにくいのは不自然？
- 袋に分けたら？

カロリー，食べ過ぎ
- ◎おしゃべりにつられて食べる
- 入っていればそれだけ食べてしまう
- カロリーが高いのに食べやすい
- チョコを食べても食事を減らさない

要望

ベタつきなし
- 溶けにくい
- まったく溶けないのもイヤ

食べ切り
- 食べきれる
- ◎小分け包装

カロリー少なく
- ◎ライトタイプ
- 気軽に食べられる

イチゴ味

サクサク食感

色はピンク
- 紫はダメ
- ピンクは受け入れやすい

200円ぐらい
- 高いと買わない
- 高くするぐらいなら量を減らす

5.2 手法1：グループインタビュー

図表5.5　グループインタビューのまとめの例2（女性おひとりさま向け商品）

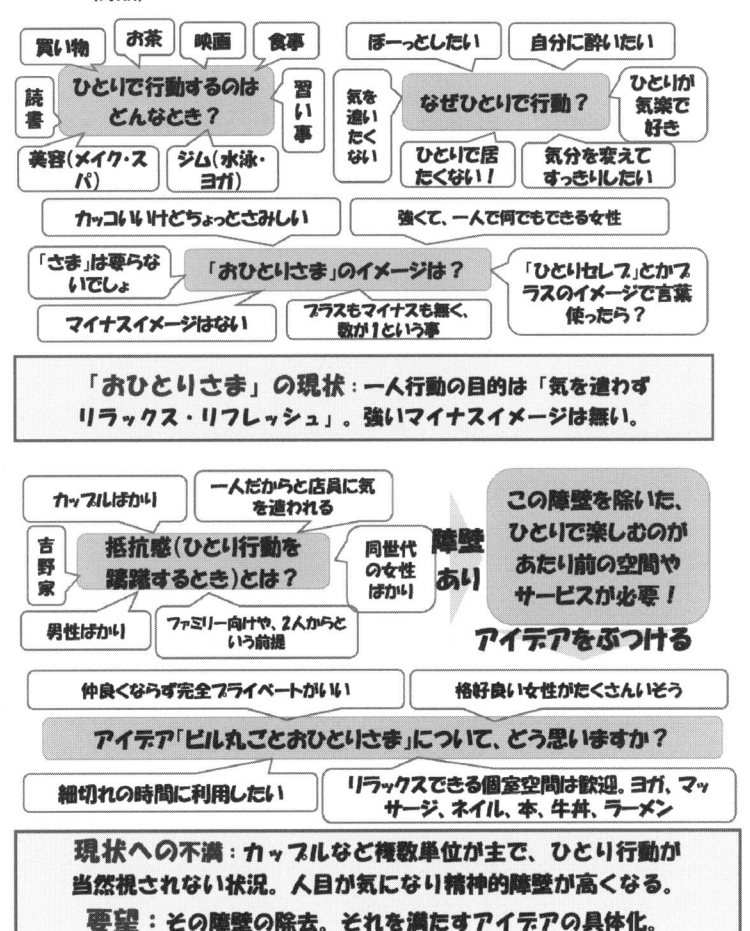

ひとりで行動するのはどんなとき？
- 買い物
- お茶
- 映画
- 食事
- 読書
- 習い事
- 美容（メイク・スパ）
- ジム（水泳・ヨガ）

なぜひとりで行動？
- ぼーっとしたい
- 自分に酔いたい
- 気を遣いたくない
- ひとりが気楽で好き
- ひとりで居たくない！
- 気分を変えてすっきりしたい

カッコいいけどちょっとさみしい／強くて、一人で何でもできる女性

「おひとりさま」のイメージは？
- 「さま」は要らないでしょ
- マイナスイメージはない
- プラスもマイナスも無く、数が1という事
- 「ひとりセレブ」とかプラスのイメージで言葉使ったら？

「おひとりさま」の現状：一人行動の目的は「気を遣わずリラックス・リフレッシュ」。強いマイナスイメージは無い。

抵抗感（ひとり行動を躊躇するとき）とは？
- カップルばかり
- 一人だからと店員に気を遣われる
- 吉野家
- 同世代の女性ばかり
- 男性ばかり
- ファミリー向けや、2人からという前提

障壁あり → この障壁を除いた、ひとりで楽しむのがあたり前の空間やサービスが必要！

アイデアをぶつける

- 仲良くならず完全プライベートがいい
- 格好良い女性がたくさんいそう

アイデア「ビル丸ごとおひとりさま」について、どう思いますか？
- 細切れの時間に利用したい
- リラックスできる個室空間は歓迎、ヨガ、マッサージ、ネイル、本、牛丼、ラーメン

現状への不満：カップルなど複数単位が主で、ひとり行動が当然視されない状況。人目が気になり精神的障壁が高くなる。
要望：その障壁の除去。それを満たすアイデアの具体化。

司会のコツは「引き出す」

一対一の「対話」にしないこと，押しつけないで自然な対話を「引き出す」ことを心がけてください．シナリオにこだわらないで随時「突っ込み」を入れ，想定外の意見，本音の話をどんどん語ってもらうと盛り上がります．

そもそも司会者のもつ個性（雰囲気）は伝染します．司会者が積極的に楽しげに語る女性ですと，男女ともに乗ってきますが，硬い印象の中年男性などですと，何となく盛り上がらない暗い感じで終わってしまいます．

図表 5.6　グループインタビューのまとめの例 3（ビールのアイデア評価）

(10 点満点，12 名)

アイデア No.	アイデア内容	プラス意見	マイナス意見	評価点平均／標準偏差	参考・コメント
1	ワイン並に，寝かせると味が深くなるビール	◎ 深い味で，美味しそう ○ コクがありそう	◎ 味が不明で，購入にはリスクがある △ ご当地ビールに類似	6.23／1.80	• ばらつき大 • 地ビール好きの人にはいいかも
2	女性向きの可愛いキャラクターの陶器ビアマグ入りビール	◎（女）リラックマかキティなら欲しい	◎（男）まったく不要．ナンセンス	7.86／1.29（女） 2.35／1.55（男）	• 完全に女性向き • キャラはリラックマがいい
3					
4					
5					
6					

5.3　手法 2：評価グリッド法

5.3.1　評価グリッド法の意義

　評価グリッド法は，讃井純一郎氏（文献 [21][22]）が自ら提唱した「レパートリーグリッド発展手法」を基礎に開発した手法で，顧客の商品評価の構造をわかりやすく表示することが目的です．単に商品評価の項目が得られるのみでなく，顧客の購買の目的・目標（上位概念）と具体的要望（下位概念）までわかるので魅力的な手法です．

　グループインタビューが一対多という形式なのに対して，評価グリッド法は一対一で実施します．したがって，時間や場所の制約が少なく，また手法もマニュアル化されていることから司会者の能力も普通でかまいません．

5.3.2 評価グリッド法の手順

　実際にはサンプル（商品の実物，カタログ，イラスト，説明文など）を何パターンか用意し，2つずつ取り上げて Step 2 に示すような一定の質問マニュアルに従って評価してもらいます．この際，実施者は自分の意見は一切言わず，主観を入れないことが重要です．

　後で個人別の「評価構造図」を描き，それをさらに融合させて全員の評価構造図を作成します．

Step 1　回答者に提示するサンプルを用意する

　サンプルは評価グリッド法の要であり，非常に重要です．回答者1人当たり3〜6サンプルを2つずつ比較評価してもらいます．多数のサンプルを評価させると時間がかかり，回答者の負担が重くなるので避けましょう．

　あまり極端に異なるものどうしは比べようがなく，逆に，差の小さなものは回答者が悩んでしまいます．「つかず離れず」が原則です．**図表5.7**は「親孝行支援サービス」の提示サンプルの例です（実際はもっと多数ありますが，その一部を抜粋しました）．このような仮想商品の比較はなるべくイメージがわかるように，ていねいに書いてください．

　サンプルを作成する際の留意点は次のとおりです．

- どうしても多数提示したいなら，例えば15サンプルを使いたい場合，**図表5.8**のように，5名につき6種類ずつのサンプルを提示し，少しずつ同種のサンプルを重ねて用いるとよいでしょう．
- 仕様（特徴・機能性能・価格など）は読むのが辛いほど細かなものは不要ですが，まったく何も記述がないと比較評価しにくくなります．
- ブランド名は必要に応じて入れます（ブランドも評価すべきなら入れます）．
- 仮想の商品案でもイラスト，写真などがあると理解しやすくなりますが，それがイメージを誘導する可能性があるので，「つかず離れず」を忘れないでください．
- 仮想の商品案を現行の商品に混ぜて入れる場合はそれ（仮想案）だけが評価しにくくなる可能性がありますので，注意が必要です．これは，仮想

図表 5.7　提示サンプルの例（仮想商品・親孝行支援サービス）

	タイトル	内　　容
A	アルバム作成サービス	親や家族の思い出の写真をアルバムにしてくれるサービス． 親の生い立ちを出身地の当時の風景，ニュース，小中学校の集合写真などを踏まえて，作成補助の代行を行うサービスです．
B	旅行手配サービス	団体旅行ではなく，依頼主（自分）の要望に応じた旅程を組んでくれて，予約や発券の代行をしてくれるサービス． シニアに向けたお勧め立ち寄り先，ルート案内，交通機関の時刻表，予定変更時の代案，宿・交通機関手配の補助・代行を行うサービスです．
C	外食サービス	親の好きな雰囲気の店，料理，サプライズ企画，音楽などの BGM をアレンジできるサービス． シニアに向けた外食店の紹介・サプライズ企画の補助・代行を行うサービスです．
D	プレゼントセレクトサービス	親に関する質問項目と，予算範囲など必要条件を入力すると，候補の商品・サービスを提示してくれ，その場で購入もできます． 年代・性格別お勧めプレゼントをセレクトするサービスです．
E	家事代行サービス	依頼主があらかじめ，親に家事で困っていることを聞き取り，その部分を代行するサービス． 普段掃除しにくい高い場所や水回りなどの掃除，衣類の整理，家具や機器の調整，食事作成などをする家事代行サービスです．
F	親戚会企画サービス	親戚どうしだからこそできる話や思い出話に花が咲くような仕掛けがある食事会や旅行のサービス． 依頼主が仕掛けの内容を選べます．親族が楽しく集まる場所・交通（宿泊）機関・食事などの企画を行うサービスです．

案のみが現実感がないため，比較されると低い評価になることが多いからです．仮想案の表現レベルを上げるか，現行商品をイラスト化または文章化して表現レベルを下げる必要があります．

5.3 手法2：評価グリッド法

図表 5.8 多数サンプルの提示法の例

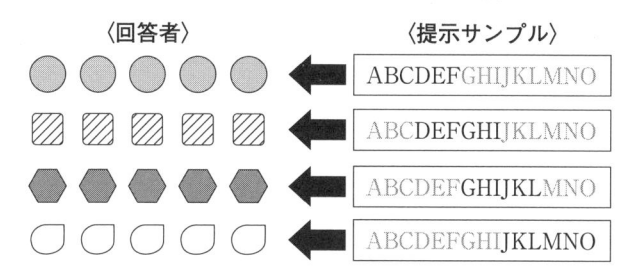

〈回答者〉　　　　　　　〈提示サンプル〉

　●●●●●　←　ABCDEF GHIJKLMNO

　▨▨▨▨▨　←　ABC DEFGHI JKLMNO

　⬢⬢⬢⬢⬢　←　ABCDEF GHIJKLMNO

　◡◡◡◡◡　←　ABCDEFGHI JKLMNO

Step 2　評価を実施する

一対一で，次の①，②の2段階に分けて行います．

① 評価項目の抽出

回答者に対して次のように回答を求めます．

Q1. AとBとでは，どちらを買いたいと思いますか．⇒Aです

Q2. なぜ，Aのほうが良いとお考えですか．⇒Aのほうが○○だからです．

Q3. 他に理由がありますか．⇒△△，▼▼だからです．

（以下同様にAとC，CとDなど組合せを変えて実施）

② ラダーリング（上位，下位概念の導出）

〈上位概念〉（より抽象化してもらう）

Q4. 何のために（どうして）○○なものを，選ぶのですか．

⇒◎◎したいからです．

目的，目標を明らかにします．そのようなものを選んで何を実現したいか，を聞き出します．

〈下位概念〉（より具体化してもらう）

Q5. ○○であるためには何がどうなっていることが必要ですか？

⇒◆◆なことです．

□□がついていることです．

その商品に必要な具体的な条件を尋ねます．サンプルにある内容

図表 5.9　評価グリッド法の記入例（親孝行支援サービス）

上位概念	評価項目	下位概念
何のために（どうして）○○なものを選ぶのですか？	○○	○○であるためには具体的に何がどうなっているとよいと思いますか？
喜ぶ顔を見たい	親が楽しくなりそう	店やメニューの表示が具体的できれい
長生きしてもらいたい		レストランでのサプライズが例を選べる
		レストランのサービスが親切
（親に）楽に生活してもらいたい	便利そう	親の好みに最高に合う料理を提案してくれる
（こちらが）簡単に親を喜ばせたい		質問に答えるだけで，一切手間がかからない
（親に）子供を見直してもらいたい	親と仲良くなりそう	海外旅行の気分を味わえる気持ち良い店を紹介
一緒に良い気分で食事したい		周辺に，一緒に楽しめる何かがある

にこだわることなく，自由に語ってもらいます．
　（以下同様に Q3 の△△，▼▼について順次 Q4，Q5 の質問をします）

　以上は図表 5.9 のような記録用紙に，①評価項目，②上位・下位概念の順に記入します．

Step 3　調査のまとめを行う

　各々の評価項目について，

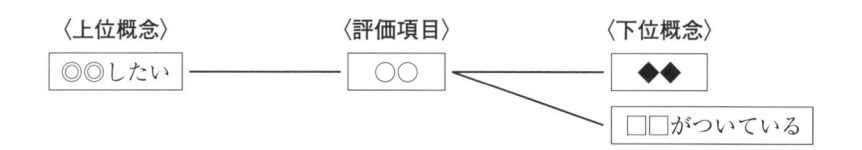

5.3 手法２：評価グリッド法

```
〈上位概念〉        〈評価項目〉         〈下位概念〉
 ◎◎したい ────── ○○ ─┬─── ◆◆
                      └─ □□がついている
```

のような評価構造の概念図が描けます．これをまず１人の回答者について作成し，さらに，回答者全員の分（または性別・年齢などの回答者属性で区分した分）を集約して**図表5.10**の例のようにまとめた「評価構造図」を作成します．

この際，同様あるいは類似の項目は一つにして整理します．特に評価項目が重要で，後のアンケート調査でも使いますので，わかりやすい言葉を選んでください．また，上位概念は回答者の願望（ウォンツ）を表し，下位概念は新たな具体的アイデアとして使えますので，貴重な資料となります．

図表 5.10　評価構造図の例（親孝行支援サービスの例）

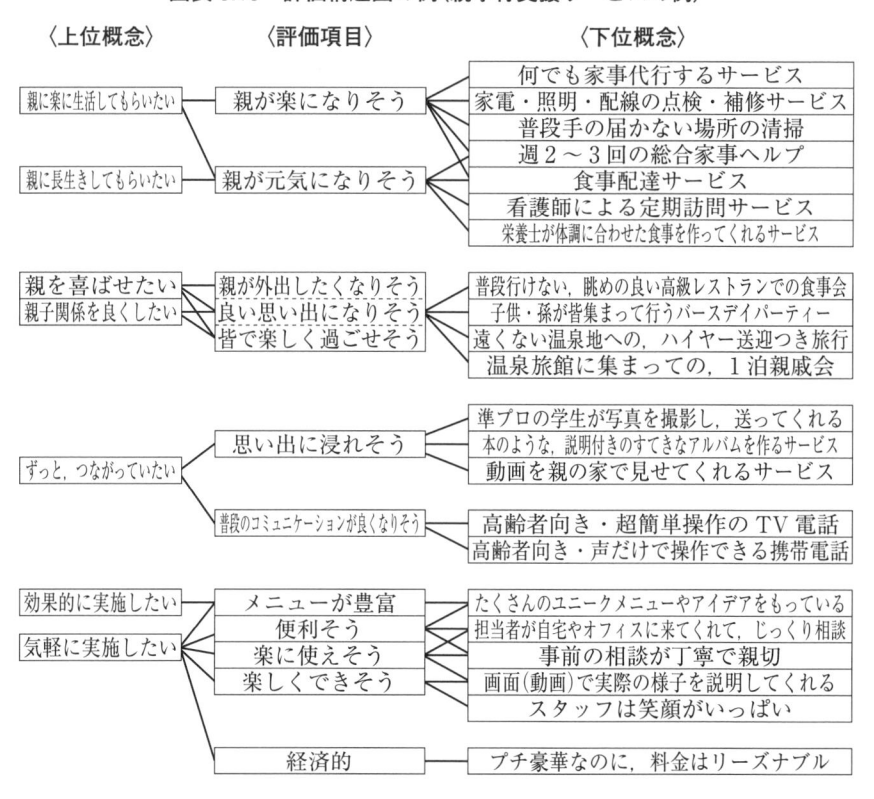

〈上位概念〉	〈評価項目〉	〈下位概念〉
親に楽に生活してもらいたい	親が楽になりそう	何でも家事代行するサービス／家電・照明・配線の点検・補修サービス／普段手の届かない場所の清掃／週２〜３回の総合家事ヘルプ
親に長生きしてもらいたい	親が元気になりそう	食事配達サービス／看護師による定期訪問サービス／栄養士が体調に合わせた食事を作ってくれるサービス
親を喜ばせたい／親子関係を良くしたい	親が外出したくなりそう／良い思い出になりそう／皆で楽しく過ごせそう	普段行けない，眺めの良い高級レストランでの食事会／子供・孫が皆集まって行うバースデイパーティー／遠くない温泉地への，ハイヤー送迎つき旅行／温泉旅館に集まっての，１泊親戚会
ずっと，つながっていたい	思い出に浸れそう	準プロの学生が写真を撮影し，送ってくれる／本のような，説明付きのすてきなアルバムを作るサービス／動画を親の家で見せてくれるサービス
	普段のコミュニケーションが良くなりそう	高齢者向き・超簡単操作のTV電話／高齢者向き・声だけで操作できる携帯電話
効果的に実施したい／気軽に実施したい	メニューが豊富／便利そう／楽に使えそう／楽しくできそう	たくさんのユニークメニューやアイデアをもっている／担当者が自宅やオフィスに来てくれて，じっくり相談／事前の相談が丁寧で親切／画面（動画）で実際の様子を説明してくれる／スタッフは笑顔がいっぱい
	経済的	プチ豪華なのに，料金はリーズナブル

5.3.3 評価グリッド法を上手に実施・活用するヒント

☞ 上位概念は聞き方に注意を．インタビューアがやさしく説明を

　特に上位概念は普段聞かれないようなことを質問されますので，とまどうことが多いようです．例えば，評価項目で「可愛いPCがいい」と答えると，「何のために可愛いPCを選ぶのですか？」と聞かれます．これは，答えに詰まります．しかし「どんな目的で可愛いPCを買いたいのですか？」「可愛いPCを買うとどんな気分になりますか？」などと言い換えると答えが出やすくなります．

☞ 上位概念の答え方に工夫を

　回答者にも，なるべく「〜したい」「〜になりたい」と答えるように努力してもらいます．すると「疲れを癒やされたい」「良い気分になりたい」などと，明快な答えをもらえます．

☞ 下位概念の聞き方もマニュアルにこだわらず言い換える

　下位概念も同様で，「具体的にはどのような可愛いものが欲しいですか？」「可愛い○○というと，例えばどんな感じのものですか？」などと聞くと，たいていの人はすぐに答えてもらえます．臨機応変に言い換えてください．

☞ 下位概念は提示サンプルにこだわらないで

　提示したサンプルにこだわらないで，欲しいものをどんどん言うように促してください．新たなアイデアを得ることになります．

☞ 層別の必要性を考慮

　性別・年齢・使用頻度などで回答が異なることはよくあります．評価構造図に何でも一緒にまとめることは理解しにくく，また使えない図をつくることにつながりますので，いくつかに層別しての作図を心がけてください．

第6章

アンケート調査

6.1 アンケート調査とは

　アンケート調査はよく知られた調査手法ですので回りくどい説明は避けますが，何となく，毎年やっているからというような調査はやめるべきです．報告書を見て「まあ，こんなものか」で終わるような調査結果は現状認識ばかりで，ほとんど役に立っていない証拠です．「なるほど！」がない調査は無意味です．

　Neo P7 では，アンケート調査は顧客に対して，

　① これまでに導いた仮説を検証
　② 定量評価データを収集

を目的に実施します．ただし，ここでの「顧客」は仮説に合いそうな「想定される，今後買ってもらえそうな顧客」の意味で，今までの顧客と同じではありません．

　①は「本当に顧客は〜に不満をもっているか」「〜のような商品があれば購入したいと思っているか」「その限度価格は？」などを検証します．②は次のポジショニング分析で最適な方向性を見出すために，現状で想定に近い商品群や仮想商品のイメージ調査を行います．

　アンケート調査でも，自由回答（フリーアンサー）での意見や新たな発見はもちろんありますが，その方式（同じ質問を全員に対して行う）からして，「画期的発見」が主目的の手法とはいえません．

　「アンケート調査はお金と時間がかかるわりに当たり前のことしか出てこな

第Ⅱ部　Neo P7 講義

い，無駄だ」と言って経費節減を図る経営者・管理者がいます．これは目的ややり方を履き違えたことによる誤解です．仮説はその前の段階でしっかり創出し，アンケート調査とポジショニング分析で量を頼りに，検証して絞り込むのです．それならば，多大な手間や高額の費用をかける必要はありません．

アンケート調査では，次の３つが成否を分けるポイントです．
　① 適切な調査方法と調査対象者
　② 適切な調査票の作成
　③ 適切な分析の実施
以下，Stepに沿って，これらを順次解説します．

6.2 アンケート調査の手順

(1) 計画段階
Step 1　適切な調査方法を決める

誰に，いつどんな方法で調査するかは，この手法が検証的，定量的であるため，極めて重要で，慎重に決める必要があります．

アンケート調査の方式には，電話，郵送，面接，インターネットなどがあり一長一短です．電話調査は簡便ですが，Neo P7では無理です．ネット調査はターゲット層に合うかを慎重に見極めれば，多人数の意見をとりやすいので最も適します．郵送法は時間・費用がかかり，回収率が低いと回答精度も大きな問題になります．

アンケート票をある集団に対して配付・回収することは，対象者を探し，選ぶことから始まります．対象者を選ぶことを統計学的には「サンプリング(標本抽出)」といいます．理想はランダム(無作為)サンプリングで，全対象者の名簿などからくじを引くように行いますが，大規模な社会調査，世論調査などと異なり，ランダムサンプリングは困難です．数よりも質(ターゲット層に合致するか，きちんと答えてもらえるか)を追求することが重要です．

客観性を確保することが第一で，いくら費用・時間の点で有利といっても，自社の社員や家族に調査しては相当な偏りを覚悟せねばなりません．自社の登録ユーザーや登録モニターも怪しいところです．自社商品の改善・改良のため

の調査ならまだしも，未知の商品に関する仮説の評価を中心にする場合は購入者になりうるターゲット層の集団の何パーセントが各仮説をどの程度支持し，購入意向がどの方向を向いているかを綿密に検討しますから，偏りは危険です．

調査会社でのネットアンケートの場合，そこに応募したモニター集団が相当数いて，そのなかからメールなどを配信して，例えば，

- 三大都市圏に住む20代女性会社員で，週3回以上コンビニでペットボトル入り飲料を買う人
- 200万円以上300万円未満の自家用車を所有し，平均週1回以上は自分で運転する人

などのような条件を指定して回答者を選定します．最初は性別，年齢，地域などの簡単な属性の指定でメールが配信され，数問の予備アンケートへの回答で前述のような細かな条件に合う人があらかじめ決めた人数以上確保できると，本調査のアンケートが配信されます．謝礼が明示され，それに納得し回答意欲をもつ人が調査に応募しますので，回収率は極めて高くなります．

Step 2　誤差を考慮した適切な回答者数を決める

回答者は1,000名以上は，まず必要ありません．質が良ければ200〜500名でも大丈夫です．いくつかの層（性別，年齢，購入頻度など）に類別して分析するなら，各層ごとにできれば100名ぐらいずつはほしいところです．

統計学の常識では，何か（平均値や比率など）を推定するときの誤差はサンプル数（＝回答者数）の平方根に反比例しますので，あまり莫大な数をとっても効率が悪くなります．100名が400名になっても，誤差は1/2にしかなりません．何かの比率を推定する場合，400名で最大5%程度（5%以内）の誤差が発生します．公式的に表すと，だいたい，

$$最大誤差 = \frac{1}{\sqrt{サンプル数}}$$

$$サンプル数 = \frac{1}{(最大誤差)^2}$$

となりますが，これが一つの目安です．100名では最大10%，これは誤差が大きくて厳しいです．1,000名で3.2%，これは良いレベルです（費用はかなりか

さみますが…）．誤差を4%以内に抑えるための人数は625名となります．お勧めは400～500名で，最大誤差を5%以内に抑えられ，4～5つに層別しても各層に100名程度を確保できます．

　回答者がターゲット層に該当することはもちろんですが，回答意欲があり，正確な回答を提供してくれる人たちであることが必要です．

Step 3　適切なアンケート調査票を作成する

　適切な調査票の作成は，企画者が行うべき重要な仕事ですが，知識に加えて作文のセンスを要し，（特に最初は）なかなかたいへんな業務です．しかし，2～3回経験すると要領を得てきますので，心配はいりません．

　回答者の側に立って，見やすく，わかりやすく，答えやすい調査票をつくることが必要です．次の事項に注意するとよいでしょう．

① 長すぎず，短かすぎず

　回答時間10分ぐらい（A4用紙で4～5ページ前後）ならちょうどよいでしょう．短いと情報不足（特に仮説の評価が不十分）に終わり，長いものは飽きられるため，謝礼額や回答者の意欲によっては，成功しません．

② 全体像が明快になるようにする

　意味や意図がわからないと回答者も嫌になります．各部署からの要求を羅列したアンケートなどは最悪です．目的を絞って作成します．

③ 一般質問（一般的な質問項目）から始める

　最初は商品の購入・使用の状況，商品選択の基準，商品への不満・要望など一般的な質問を系統的に尋ねます．インタビュー調査での発言などを基礎として，目的（商品購入）に関係すると思われる要素をあらかじめ整理しておくことです（無論これも仮説でかまいません）．

　また，「どういう顧客層がどのように評価するか」を考察することが重要になります．性別・年齢といった単純な分類ではなく，生活・購買行動や嗜好・性格など，仮説の評価に影響すると思われることを，できれば5段階評価で尋ねておくとよいでしょう．このデータを後で「クラスター分析」にかけて回答者を精密に分類します（**付録A.1.4項を参照**）．

④ 一般質問の次に仮説評価質問を入れる

　これが Neo P7 では明らかに最も重要な質問項目です．段階評価（通常5段階：そう思う，ややそう思う，どちらともいえない，あまりそう思わない，そう思わない）で仮説に対する評価を聞きます（**図表6.1**）．評価項目は，インタビュー調査での回答者の意見を参考にして決めるとよいでしょう（特に，評価グリッド法で抽出した評価項目は有効です）．企画者の主観では，どうしても偏った評価項目になってしまいます．**図表6.1**は健康飲料の仮説評価の例で，一つの仮説ごとにこの評価をしてもらいます（5段階のどこかに○を付けてもらいます）．「おしゃれ感がありそう」～「確実に効きそう」が一般的な評価項目，「買いたい」が総合評価項目です．総合評価を含めると，全評価項目は10項目あります．

　ただ，仮説数×全評価項目数の評価を回答者に求めるため，この部分は明らかにアンケート回答で最も時間がかかります．あまり多数の評価を求めるのは嫌がられます．次のポジショニング分析のためには，仮説は通常5個以上，一般的な評価項目は通常6～10個前後は必要です．しかし，もし仮説を20個，総合評価を含む全評価項目を10個使うとすると，

図表6.1　評価項目と回答例（健康飲料の例）

	そう思う	ややそう思う	どちらともいえない	あまりそう思わない	そう思わない
おしゃれ感がありそう	○				
かっこ良さそう		○			
さっぱり感がありそう	○				
飲み心地が良さそう			○		
甘そう		○			
香りが良さそう				○	
飲みやすそう		○			
早く効きそう	○				
確実に効きそう	○				
買いたい		○			

評価は全部で 20×10＝200 回ですから，これはなかなか厳しい回数です．
⑤　最後は，フェイスシート（個人属性質問）と自由記述

性別・年齢・居住地域・職業・生活状況・趣味・性格など個人の姿を尋ねます．最後に置くのは，個人情報はあまり答えたくない内容ゆえ，最初に置くと抵抗感を与えるからです．自由記述は文字どおり，自由な意見・感想・提案などを述べてもらいます．

⑥　プリコード（選択回答）方式を中心に

一般質問では自由回答での「思わぬヒント」もありうるのですが，そのための（それを目指す）調査ではありません．原則として各質問で選択肢を用意し，自由回答欄も付けておくという形式にしておきます．ただし，アンケート票の最後に，全体に対する自由回答欄も入れておきます．

⑦　解析がわかるとアンケートづくりは激変

解析できるアンケートでないと価値は半減します．解析のプロを企画チームに入れるか，社内外のプロに相談します（社内で養成するのが理想的）．アンケートにより集めるデータはいろいろな形式の集合ゆえ，なかなか複雑です．逆にその分多くの手法が適用できるので，あらかじめ解析法がわかっているとアンケートづくりを効果的に進めることができます．学んでほしいのは「多変量解析」です．なぜなら，アンケート票は常に多項目（＝多変量）であり，いくつもの項目が関連をもって動くので，単一項目の集計や2項目のクロス集計のみではわからないことが，多項目を同時に扱うことでその関連性がわかるからです．

⑧　一度作成したら，細かなチェックを

以下の視点で細部のチェックを行います．

- 困難な質問を前半に置いていないか？

　難しい，悩ましい質問（特に記述式）を前の部分に置くと回答意欲が低下します．その商品の所有，使用・購入の頻度のように即答できる質問から始め，次第に考えてもらう質問に進むようにします．

- 枝分かれが複雑ではないか？

　Q1で①②の回答者はQ4へ，③の回答者はQ7へ，④⑤⑥の回答者はQ9へなど複雑に分岐すると混乱します．分岐して回答の後

どこへ進んだらよいかも明示してください．
- 段階評価は奇数段階になっているか？

　5段階評価が最も答えやすく，バランスがとれています．2～3段階はもともと数値として解析ができません．4段階は，もともと多い(と思われる)中央の段階の意見を無理に変えさせるので好ましくありません．7段階以上は印象が複雑で抵抗感を与えます．また，評価の内容にもよりますが，一般的に，極端な評価(非常に～，極めて～，まったく～ない，など)に回答する人は少ないため，7段階以上の意義は薄いともいえます．

- 2つ以上のことを同時に聞いていないか？

　色と形，機能と性能など異なる評価項目を同時に尋ねてはいけません．本来は個別の評価であるべきです．ただし，あえて「総合的にデザインはどうですか？」などと聞くのなら，かまいません．

- 意味不明な文言，専門的な用語が入っていないか？

　企画者にとっては常識的でも，回答者にとっては「業界用語」であり難しい，または未知の言葉が入っていると，理解できないため，回答意欲が低下します．他部署(できれば他業界)の人に見てもらいましょう．

- 複数回答を許すか否かは明確か？

　以下のように回答数を明確に示します．
　　―単一回答は「1つのみ選択してください」「○は1つのみ」
　　―複数回答は「いくつ選択してもけっこうです」「○はいくつでも」
　　―制限回答は(例)「3つまで選択してください」「○は3つまで」

- (熱心さのあまり)答えを誘導していないか？

　客観的，中立的な聞き方を心がけてください．熱心さが高じてついつい余計なことを書いてしまいがちです．例えば，

　　Q：本商品の性能の高さに満足されましたか？
　　　①大いに満足　②かなり満足　③まあまあ満足　④不満

　これは，(選択肢も含めて)かなりひどい誘導質問です．正しくは，

> Q：本商品の性能についてどう思いますか？
> 　　①満足　②やや満足　③どちらともいえない
> 　　④やや不満　⑤不満

とすべきです．

- 総合評価項目を(いくつか)入れたか？

　総合評価は1つのみである必要はありません．

> 買いたい／欲しい／使いたい／試してみたい／興味をもった／
> 総合的に満足／総合的に良い／他人に勧めたい／価値が高い

などからいくつか用いると

> ―試してみたいとは思うが購入までは考えられない
> ―良い商品だが，自分には不要

といった細かなニュアンスまで知ることができます．

- 繰り返しチェックしたか？

　一度書いたら他の人に見てもらい，修正します．さらにもう一度，見てもらいます(できれば別の人に)．特に，回答者に近い立場の人や，調査のプロに依頼するのが最適です．

(2) 実施段階

Step 4　アンケート調査を実施する

　例えばネット調査の場合，Step 1で述べたように，性別・年齢・職業などでモニターを選別し，多数(数千名〜数万名)の回答者にメールで呼びかけ，数問の予備質問に答えてもらって真の回答者を選び，本調査の調査票画面に記入・送信してもらいます(もちろん自宅や職場で回答できます)．予定回収数に達したら打ち切ります．データはそのままExcelなどのファイルで(場合によっては各質問の集計結果・グラフまで)もらえますので，たいへん便利です．

　調査票作成完了(送信) ⇒ 内容確認 ⇒ 予備調査実施 ⇒ 本調査回答者抽出 ⇒ 本調査 ⇒ データ受領といったプロセスで，1週間〜10日程度かかります．予備調査不要(性別，年齢などの単純な指定のみ)の場合はもっと早く終了します．

(3) 分析・まとめ段階
Step 5 データの入力を実施する

Excel または統計ソフトを活用してデータ入力作業を行います．

① 一般質問のデータ入力形式

通常，1項目(1変数)を縦1列に，1人の回答を横1行に入れます．一般質問は，単一回答か複数回答かで入力形式が分かれます．単一回答の場合は選択肢番号(または選択肢そのもの)を入力します．複数回答の場合は0/1データ(該当しなければ0，該当すれば1)で入れます(**図表6.2**)．ソフトによっては1つのセルに複数の回答を入力するものもあります．

② 仮説評価のデータ入力形式

仮説評価データは1人の回答者が各仮説に対して評価項目の数だけ回答していますので，一般質問とはシートまたはファイルを分けて，**図表6.3**のように複数(仮説の数)の行にわたって入力します．

図表6.2 一般質問(単一回答・複数回答)のデータ入力例

回答者	性別	年齢区分	職業	趣味・読書	趣味・音楽	趣味・映画	趣味・TV	趣味・スポーツ	趣味・旅行
1	女	10代	学生	0	1	0	1	1	0
2	男	20代	会社員事務系	1	1	1	1	0	1
3	女	30代	主婦	1	1	0	1	1	1
4	女	20代	会社員販売系	0	0	1	1	1	1
5	男	20代	会社員製造系	1	1	0	0	0	1
6	女	30代	会社員事務系	1	0	0	1	0	1
7	女	20代	会社員技術系	0	0	1	1	1	0
8	男	20代	学生	0	1	0	1	1	1
9	女	20代	公務員	1	1	1	0	0	1
10	女	30代	主婦	0	0	0	0	1	1
11	女	20代	会社員技術系	0	1	1	0	0	0
12	男	20代	会社員事務系	1	1	1	0	0	1

第6章　アンケート調査

図表 6.3　評価データの入力例（健康飲料）

回答者	商品	おしゃれ感がありそう	かっこ良さそう	さっぱり感がありそう	飲み心地が良さそう	甘そう	香りが良さそう	飲みやすそう	早く効きそう	確実に効きそう	買いたい
1	健康茶 A	2	2	3	2	4	1	1	1	3	1
1	スポーツ飲料 B	3	3	5	5	2	3	5	3	4	4
1	栄養ドリンク C	1	1	1	2	5	2	1	3	3	1
1	ビタミン飲料 D	4	4	4	5	2	3	4	3	3	5
1	スポーツ飲料 E	3	3	4	3	3	3	3	3	3	3
1	ビタミン飲料 F	1	1	4	5	3	3	4	3	3	3
2	健康茶 A	2	2	3	3	2	2	3	1	1	1
2	スポーツ飲料 B	3	3	5	4	3	3	4	4	4	4
2	栄養ドリンク C	2	2	2	1	4	2	2	2	3	2
2	ビタミン飲料 D	3	3	3	4	2	3	3	3	3	3
2	スポーツ飲料 E	3	3	4	3	1	3	4	4	4	4
2	ビタミン飲料 F	4	4	3	4	3	3	3	4	3	3
3	健康茶 A	1	2	4	4	4	3	2	1	1	1
3	スポーツ飲料 B	2	2	2	3	5	3	2	4	4	4
3	栄養ドリンク C	3	3	2	3	4	2	2	4	4	2
3	ビタミン飲料 D	4	3	4	3	4	3	3	3	3	4
3	スポーツ飲料 E	2	2	3	2	4	3	3	3	3	4

注）行、列は任意に入れ替わってもかまいません。例えば、総合評価が左端にあって、商品名や仮説名が中央にあっても大丈夫です。また、欠測値（無回答データ）は空欄にしておき、0を入れてはいけません。「0」という回答と認識されます。

Step 6　一般質問の集計（単純集計・クロス集計）を実施する

① 単純集計

各質問ごとの度数を集計した後，必ず百分率でグラフ化します．

単一回答は円グラフまたは帯グラフで比率をわかりやすく表示します．複数回答は総回答者数（総回答数ではありません！）に対する比率を，できれば並べ替えをして見やすく表示します（**図表 6.4**）．

② クロス集計

2項目の関係をチェックします．Excelのピボットテーブル機能や統計ソフトの集計機能を用いて**図表 6.5**のようなクロス集計表を求め，**図表 6.6**のようなグラフで表現します．組合せが多い場合は主要なものに絞らないと，つくるのも読むのもたいへんです．

クロス集計から，この例では男女で健康不安を感じる程度はかなり異なり，女性のほうが不安を感じる傾向にあることがわかります．「強く感じている」「割合感じている」を合わせると，

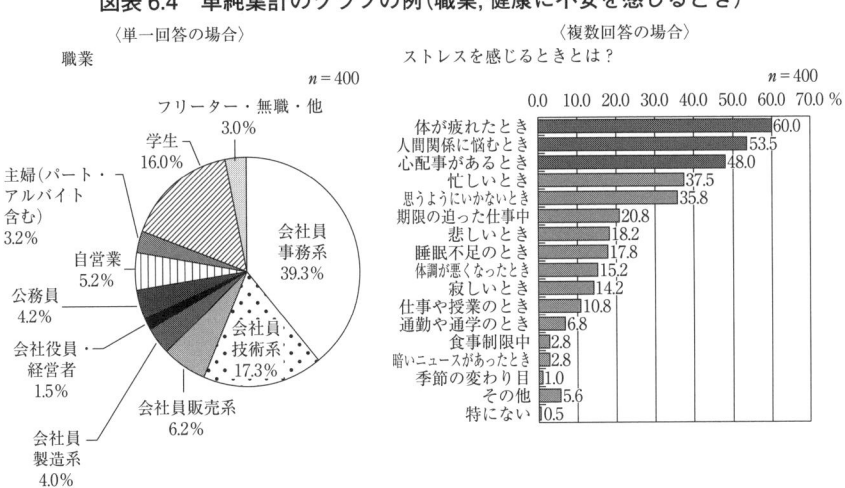

図表 6.4　単純集計のグラフの例（職業, 健康に不安を感じるとき）

〈単一回答の場合〉　職業　$n = 400$

- 会社員事務系 39.3%
- 会社員技術系 17.3%
- 会社員販売系 6.2%
- 会社員製造系 4.0%
- 会社役員・経営者 1.5%
- 公務員 4.2%
- 自営業 5.2%
- 主婦（パート・アルバイト含む）3.2%
- 学生 16.0%
- フリーター・無職・他 3.0%

〈複数回答の場合〉　ストレスを感じるときとは？　$n = 400$

項目	%
体が疲れたとき	60.0
人間関係に悩むとき	53.5
心配事があるとき	48.0
忙しいとき	37.5
思うようにいかないとき	35.8
期限の迫った仕事中	20.8
悲しいとき	18.2
睡眠不足のとき	17.8
体調が悪くなったとき	15.2
寂しいとき	14.2
仕事や授業のとき	10.8
通勤や通学のとき	6.8
食事制限中	2.8
暗いニュースがあったとき	2.8
季節の変わり目	1.0
その他	5.6
特にない	0.5

注）度数ではなく，回答者数に対する比率でグラフ化するのが原則ですが，$n = 400$のように，回答者数も必ず入れておきます（回答者数は，無回答もあるため常に同じとは限りません）．比率（%）は小数点第1位まで求めます．また，「無回答」「該当なし」「特になし」などを入れる場合は最後の項目にします．

図表 6.5　クロス集計表の例（性別による健康不安を感じる程度）

	強く感じている	割合感じている	どちらともいえない	あまり感じていない	感じていない	合計
女性	60	48	42	33	17	200
男性	12	37	49	67	35	200
合計	72	85	91	100	52	400

注）数字は人数．

図表 6.6　クロス集計のグラフの例（性別による健康不安を感じる程度）

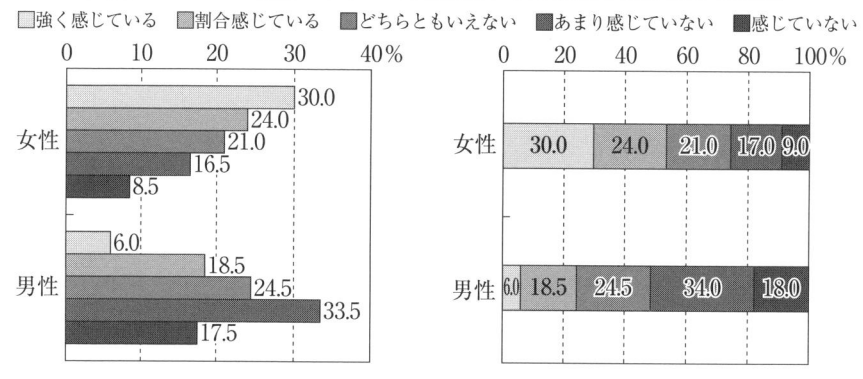

□強く感じている　□割合感じている　■どちらともいえない　■あまり感じていない　■感じていない

女性：30.0, 24.0, 21.0, 16.5, 8.5
男性：6.0, 18.5, 24.5, 33.5, 17.5

女性：30.0　24.0　21.0　17.0　9.0
男性：6.0　18.5　24.5　34.0　18.0

注）数字はすべて，女性・男性各 200 名におけるパーセンテージで表示．

　　女性：54.0%　男性：24.5%
ですからその差は明白です．

Step 7　評価データのスネークプロットを作成する

　スネークプロットとは，評価項目の平均値の折れ線グラフのことです（ヘビのような形のため）．仮説ごとの特徴を対比できるので，非常に役立ちます．

　仮説別に各評価項目の平均値を求め（**図表 6.7**），それを Excel でまとめて折れ線グラフ化したグラフ（スネークプロット）を求めます（**図表 6.8**）．

　図表 6.8 のスネークプロットから，以下のことが読み取れます．

- 最も総合評価が高いのはスポーツ飲料 B で，どの項目でも高評価を得ています．特に「飲みやすそう」が高くなっています．
- 次に総合評価が高いスポーツ飲料 E，ビタミン飲料 F はいずれも飲み

6.2 アンケート調査の手順

図表 6.7 仮説別平均値の表の例

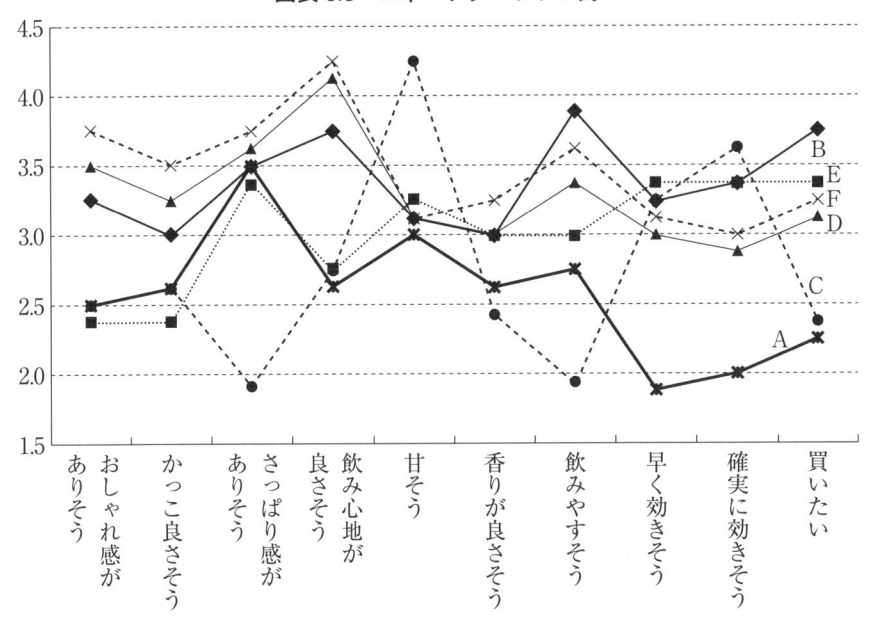

商　品	おしゃれ感がありそう	かっこ良さそう	さっぱり感がありそう	飲み心地が良さそう	甘そう	香りが良さそう	飲みやすそう	早く効きそう	確実に効きそう	買いたい
健康茶 A	2.50	2.63	3.50	2.63	3.00	2.63	2.75	1.88	2.00	2.25
スポーツ飲料 B	3.25	3.00	3.50	3.75	3.13	3.00	3.88	3.25	3.38	3.75
栄養ドリンク C	2.50	2.63	1.93	2.75	4.25	2.43	1.93	3.25	3.63	2.38
ビタミン飲料 D	3.50	3.25	3.63	4.13	3.13	3.00	3.38	3.00	2.88	3.13
スポーツ飲料 E	2.38	2.38	3.38	2.75	3.25	3.00	3.00	3.38	3.38	3.38
ビタミン飲料 F	3.75	3.50	3.75	4.25	3.13	3.25	3.63	3.13	3.00	3.25

図表 6.8 スネークプロットの例

やすさや効き目に関連する項目の評価が高いのですが，デザインに関連する項目はFが最高に高いのに，Eは最低と対照的になっています．

- 最も総合評価が低いのは健康茶Aで，全般に評価は低いのですが，特に効き目に関連する項目が極めて低くなっています．
- 栄養ドリンクCも総合評価が低いですが，項目による評価のばらつきが大きく，効き目に関連する項目の評価が高いのに，「甘そう」が極端

に高く「さっぱり感がありそう」「飲みやすそう」が極端に低いので，甘くてまずい味に思われて，嫌われたようです．

6.3 アンケート調査を上手に実施・活用するヒント

👆 インターネットアンケートがお勧め

　調査会社を活用したインターネットアンケート方式が圧倒的に優れています．ピンポイントで対象者を絞り込め，短期間で大量に回答を得られ，しかも直ちに解析できるファイルでデータを入手できます．コスト的にも郵送などより（回答者1人当たりで）はるかに低額です．写真・イラストなどの画像データも画面上でチェックして評価してもらえます．

👆 社内アンケート，学内アンケートは危険か？

　対象者の数よりも，ターゲット層に合っているかどうか，ずれ（偏り）が問題です．例えば，食品メーカー社員に PC の使い方について尋ねる場合は一般消費者と同様ですので問題はありません．しかし，食品の新商品について尋ねる場合は，「専門家」が多いので，一般よりも厳しい目でチェックされたり，過去の実績や業界の状況などがわかっているため「これは無理だ」と思い込んだりします．また，性別・年齢・職種などがどうしても偏ることも問題です．インタビュー調査で仮説を発掘したり，深い意見を求めるのにはよいでしょう．

👆 対象顧客が少ない場合

　顧客が一般消費者ではなく会社で，20社しかない，というようなケースでは，全数調査するか，主要取引先にインタビューを行うのが望ましいです．統計的な分析手法よりも，取引先ごとにニーズが異なることが多いのできめ細かく探り，可能であればそこから統一的な方向をまとめることが重要です．

👆 評価は5段階がお勧め，中央段階に「普通」は不可

　仮説の段階評価を行う場合，段階数は5段階が適切です．中央の段階を外して4段階にした調査票もよく目にしますが，正しい分布が得られるとはいえません．また，中央は「どちらでもない」にします．「普通」にすると，回答者によって「普通」の捉え方がはっきりしないので好ましくありません（特に，若い人にとって「普通」という言い方はやや良いレベルを意味するため，評価

👆 解析力が大切

自分で(学んで)解析力をアップしてください．アンケート調査データはあらゆる解析が可能な宝の山ですから，解析力が増すほどすばらしい情報をどんどん引き出せるようになります．

単純集計 ⇒ クロス集計 ⇒ スネークプロットはごく標準の流れです．さらには本書の**付録 A.1** で解説する「CS ポートフォリオ」「数量化Ⅲ類」「クラスター分析」などを駆使できるようになると，顧客意識がよくわかるようになります．

👆 分析ソフトウェアについて

本書執筆とほぼ同時期に開発したソフトウェアに「P7 かんたんプランナー」があります．これについては**第 11 章**を参照してください．Excel とこのソフトでだいたいの分析は実行できます．

👆 自由回答の扱い

自由回答欄の言語データ(文章で記入されたデータ)も生の意見が聞けるので非常に役立ちますが，分析上は厄介なものです．普通はそのままコピーし，記述内容をカテゴリー別に整理して資料として提示するのみですが，情報をグラフ化して読み解く手法として「数量化Ⅲ類」が有効です．

第7章

ポジショニング分析

7.1 ポジショニング分析とは

　ポジショニング分析とは，顧客から見た仮説の位置関係（ポジション）を図の上で明らかにする手法です．また，購入希望度，好感度などを総合的な評価項目としてとっておけば，それを最も高める方向を表す「理想ベクトル」を表示し，今後企画すべき商品のイメージを明快に把握できる便利な手法です．

　複数の仮説を複数の評価項目で複数の評価者（顧客）が評価したデータがあれば，統計解析の「因子分析」を用いて次のような流れで実施します．

① データを準備します．
② 「因子分析」を実施し，評価項目をいくつかの「因子」に集約して，「因子得点」を求めます．
③ 因子得点の仮説別平均値から，各仮説の位置を求めます．
④ 「重回帰分析」を用いて「理想ベクトル」の方向を計算します．
⑤ 理想ベクトルを記入してポジショニングマップを完成し，理想の仮説を（複数）選出します．

　大切なのは，この手法は顧客の「客観的評価データ」を用いる方法であり，固定観念がしみついた企画者の「主観による」ポジショニングではないことです．適当に価格軸やイメージ軸をとって既存商品を位置させ，「すきま商品」や「理想方向」を発見（？）したと思い込む分析が横行していますが，ここでの方法は顧客の評価データによる極めて冷徹な理想方向の抽出です．

7.2 ポジショニング分析の手順

以下の手順は説明のために詳細に述べていますが，分析の部分は「P7かんたんプランナー」を利用すれば，メニュー形式で一気に実行できますので，心配はいりません．

Step 1　データを準備する(分析できる形式にする)

ここでは，第6章で扱った健康飲料に関するデータを再度使います．
まず，図表6.3の形式にデータを変換・修正しておきます．

Step 2　評価データに対して因子分析を行い，因子得点を求める

「P7かんたんプランナー」または統計ソフトウェアの「因子分析」を適用して，評価項目(総合評価を含まない)を集約した新たな「共通因子」を抽出し，その得点である「因子得点」を求めます．

図表7.1は因子分析モデルの概念図です．この例は，5つの評価項目(目新しい，画期的，面白い，便利に使える，役に立つ)を2つの「因子」に集約した形のモデルになっています．5つの評価項目には2つの相関の高い「かたまり」が存在します．「目新しい，画期的，面白い」と「便利に使える，役に立つ」です．それらが「共通因子」という点数としてモデルから自動的に抽出されます．2つの共通因子に「ウェイト」を表す「因子負荷量」をかけて合計すると元の評価項目の点数に近い値が再現される，という構造になっています．

因子負荷量が高いと(絶対値で0.5程度以上を目安)評価点と共通因子の相関が高いため，その意味が共通因子に強く反映されます．そこで，第1因子は3項目(目新しい，画期的，面白い)の意味を集約して「ユニークさ」とし，第2因子は2項目(便利に使える，役に立つ)を集約して「利便性」と名づけました(ネーミングの部分は残念ながら主観的であり，語彙力が必要です)．

健康飲料の例で仮説(仮想商品)6種(A～F)についてのポジショニング分析を実施した例を示します．回答者は400名，評価項目は9個です．以下の4つの図表から因子の数と因子の内容，因子得点が求まります．

図表 7.1 因子分析の概念

		(因子負荷量)		(共通因子)		(因子負荷量)		(共通因子)
目新しい	=	0.86	×	f_1	+	0.06	×	f_2
画期的	=	0.61	×	f_1	+	0.31	×	f_2
面白い	=	0.55	×	f_1	+	0.24	×	f_2
便利に使える	=	0.26	×	f_1	+	0.73	×	f_2
役に立つ	=	0.17	×	f_1	+	0.66	×	f_2

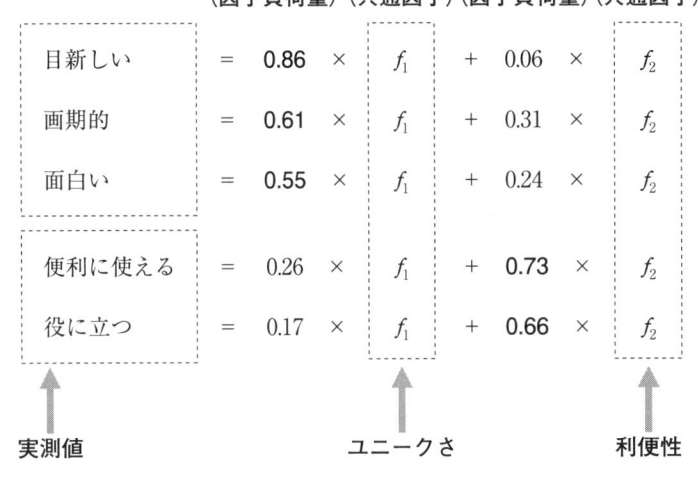

実測値　　　　　　　　　　ユニークさ　　　　　　　利便性

注) 評価点は後々の便宜のために，すべて平均 0，標準偏差 1 の値に変換してこのモデルを用います．この場合，「因子負荷量」は各共通因子と評価点との相関係数になり，−1 から 1 までの範囲に収まります．もし，マイナスの因子負荷量が強く出た場合は(「目新しい」が −0.86 などのように)，意味が「目新しくない」のように反対に解釈します．その場合，因子の意味，方向が反対になるということです．これは因子分析の計算過程のなかで時々起こることで，エラーではありません．

① 各因子の固有値・寄与率の表(図表 7.2)

すべての評価項目の相関係数を集約した「相関係数行列」の「固有値」を求めて，因子数を推測します．固有値は各因子のばらつきの程度(かたまりの大きさ)を示す分散という尺度に等しく，大きなほうから順に表示されます．分散の平均は 1.0 であることがわかっていますので，固有値 1.0 以上を(おおよその)基準として因子数を推定します．

分散の合計＝評価項目数から，全体に占める割合を示す寄与率や累積寄与率も計算されますので，それも参考にします(累積で 60 ～ 70％以上は欲しいところです)．

図表 7.2 の例では因子 3 までが固有値 1 以上，また累積寄与率で 70％を越えていますので，因子数＝ 3 として因子分析を実行します．

図表 7.2　固有値・寄与率の表の例

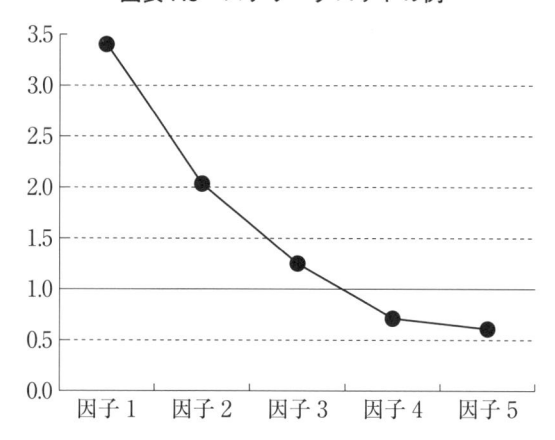

	固有値	寄与率	累積寄与率
因子 1	3.406	0.378	0.378
因子 2	2.043	0.227	0.605
因子 3	1.229	0.137	0.742
因子 4	0.734	0.082	0.824
因子 5	0.632	0.070	0.894

図表 7.3　スクリープロットの例

② 固有値のグラフ(スクリープロット)(図表 7.3)

各因子の固有値をグラフ化したもので，曲線が崖(下のがれ)のような形をしているところからこの名前があります．因子数を決めるのに便利です．

③ 因子負荷量の表(図表 7.4)

因子負荷量の絶対値が概ね 0.5 前後以上のところをマークし，第 1 因子は「飲みやすさ」，第 2 因子は「効き目」，第 3 因子は「見た目」と名づけました．

④ 因子得点の表(図表 7.5)

因子得点(＝共通因子の値)が平均 0，標準偏差 1 に規準化されて推定されます．仮説が 6 つ，回答者が 400 名ゆえ，各因子とも計 2400 の因子得点が計算

図表7.4 因子負荷量の表の例

評価項目	共通性	独自性	因子1 飲みやすさ	因子2 効き目	因子3 見た目
おしゃれ感がありそう	0.998	0.002	0.248	0.057	0.968
かっこ良さそう	0.721	0.279	0.117	0.116	0.831
さっぱり感がありそう	0.779	0.221	0.872	−0.118	0.072
飲み心地が良さそう	0.329	0.671	0.443	0.121	0.344
甘そう	0.382	0.618	−0.616	−0.021	−0.042
香りが良さそう	0.393	0.607	0.567	−0.212	0.165
飲みやすそう	0.760	0.240	0.837	0.044	0.241
早く効きそう	0.555	0.445	0.003	0.720	0.177
確実に効きそう	0.995	0.005	−0.110	0.997	0.003

注1)「共通性」とは，各評価項目が3因子で説明されるばらつき(平方和)の比率(=決定係数，寄与率)で，計算上は因子負荷量の2乗の合計に等しく，1に近いほどよく説明できているという意味です．0.5(50%)は欲しいところです．独自性＝1−共通性で，0に近いほど優れています．

注2) 第1因子では因子負荷量0.443の「飲み心地が良さそう」も意味が類似しているため，(やや値が小さいですが)取り入れています．また，−0.616の「甘そう」は逆の意味(甘くない)で相関が高いので，「飲みやすさ」のなかに取り入れています．

されます．

Step 3　因子得点の仮説別平均点を求め，散布図のなかでのポジションを定める

仮説ごとに因子得点の平均値を求めれば，それが回答者の評価の中心位置となりますので，因子1と因子2，因子1と因子3などのように組み合わせて散布図を描けば，各仮説の平均位置を求めることができます(**図表7.6**)．

Step 4　重回帰分析を用いて理想ベクトルを引く

理想ベクトルは，総合評価(買いたい，欲しい，使ってみたいなど)の点数を y，因子得点を f_1, f_2, f_3 とするとき(3因子の場合)，

$$\boxed{y} = c + a_1 \times \boxed{f_1} + a_2 \times \boxed{f_2} + a_3 \times \boxed{f_3} \quad (c はある定数)$$

となるようなモデル式を考え，実際のデータになるべく誤差なく当てはまるよ

図表7.5　因子得点表の例

回答者	商　品	因子1	因子2	因子3
1	健康茶 A	−1.2044	−0.4576	−0.6490
1	スポーツ飲料 B	1.8908	1.4791	−0.7207
1	栄養ドリンク C	−1.8888	−0.2969	−1.4168
1	ビタミン飲料 D	0.8072	0.0862	0.8086
1	スポーツ飲料 E	0.3651	−0.0844	−0.0121
1	ビタミン飲料 F	1.2335	0.1421	−2.2869
2	健康茶 A	−0.0865	−2.6040	−0.7873
2	スポーツ飲料 B	1.3872	1.1968	−0.3191
2	栄養ドリンク C	−1.1788	−0.1774	−0.8425
2	ビタミン飲料 D	0.0061	0.0370	0.0243
2	スポーツ飲料 E	0.9847	1.2698	−0.3209
2	ビタミン飲料 F	−0.1791	−0.1103	1.2305
3	健康茶 A	0.1246	−2.3546	−1.8580
3	スポーツ飲料 B	−0.9424	1.1757	−0.8127
3	栄養ドリンク C	−1.1283	0.9496	0.3391
3	ビタミン飲料 D	0.1501	−0.3300	1.1871
3	スポーツ飲料 E	−0.0764	−0.0130	−1.0404

うな c と a_1, a_2, a_3 を求めます（この手法を重回帰分析といい，c, a_1, a_2, a_3 を回帰係数といいます）．通常は y も f_1, f_2, f_3 も平均0，標準偏差1に規準化されており，この場合 c は0になります．

このときの $a_1 : a_2 : a_3$ の比率で，f_1, f_2, f_3 の y への影響度を測ることができ，理想ベクトルの方向を求めることができます．例えば

$$y = 0.8f_1 + 0.4f_2 + 0.1f_3$$

であるとします．f_1, f_2, f_3 が同様の値の範囲（例えば−1から1）を動くとき，$0.8f_1$ は−0.8〜0.8なのに対し，$0.4f_2$ は−0.4〜0.4，$0.1f_3$ はわずかに−0.1〜0.1しか動きません．y に与える影響は当然 f_1 が最も大きく，f_3 が最も小さくなります．そこで，回帰係数の比率（＝重要度の比率）で方向を定めてベクトルを引きます．**図表7.6** の①（因子1と因子2の図）では，横方向：縦方向＝0.4：0.5＝4：5で，②（因子1と因子3の図）では，横方向：縦方向＝0.4：0.3＝4：3です．

7.2 ポジショニング分析の手順

図表7.6 ポジショニングマップ（理想ベクトル入り）の例

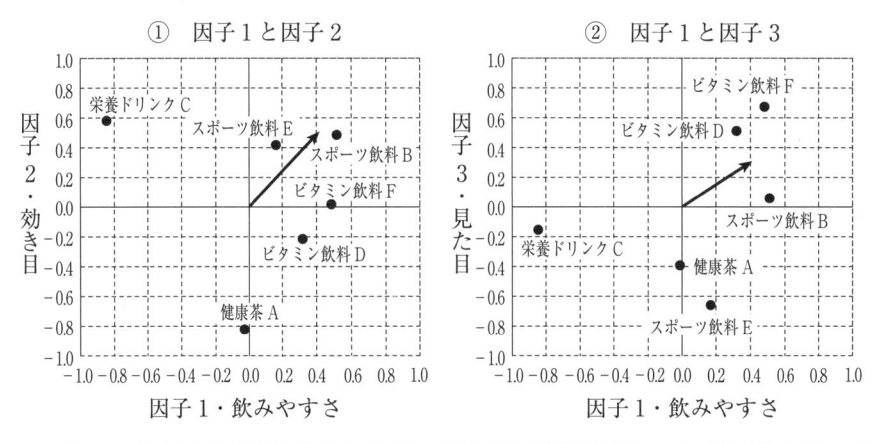

① 因子1と因子2

② 因子1と因子3

注1) 理想ベクトルは総合評価が効率良く上昇する方向を示すもので，「その近くに点があれば良い」というものではありません．①でEよりもFのほうがベクトルからは離れますが，原点から大きく離れ，さらに②で第3因子の値はFのほうが大きいので，総合評価はEもFも同じように高くなります．精密な値はスネークプロット（図表6.8）で読み取ります．

注2) 因子負荷量が負（マイナス）の場合，理想ベクトルは想定と反対の方向になります．意味が逆転しているからです．このような場合，誤解を避けるため，**図表7.7**のように，値が大きくなる方向を矢印で記入してください．

図表7.7 因子1×因子2で，因子2の因子負荷量が負の場合の例

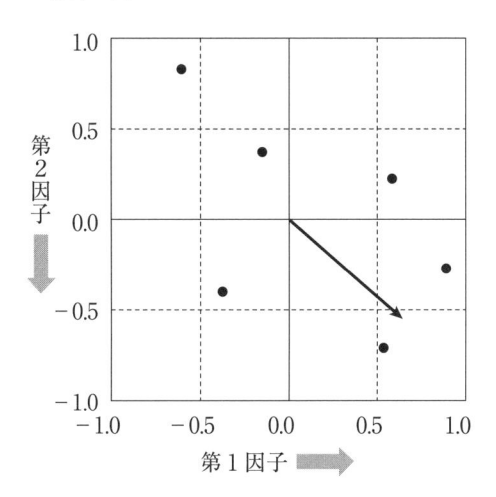

Step 5　全体の重要度比率を決定する

重回帰分析の結果から，回帰係数の比率を簡略化して整数で表します．前述の例では，次のようになります．

　　　　因子1（飲みやすさ）：因子2（効き目）：因子3（見た目）＝ 4：5：3

このように明快な重要度の比率を求めることは通常の調査手法では困難です．市場調査でよく行われるのは，アンケート調査で重要度を段階評価で直接聞く方法ですが，建前的な回答になってしまい，多少の差が出るくらいです．

Step 6　有力な仮説案を（複数）絞り込む

有力仮説は，次の2つの基準で複数個選択します．

- ポジショニングマップで理想ベクトルの先の方向に（しかもなるべく原点から遠い位置に）ある．
- スネークプロットで総合評価が高い値である．

総合評価3.5以上を目途に，できれば4.0以上を目指します．総合評価でよほどダントツ（総合評価4.5以上など）の仮説がない限り，複数個を選択します．この理由は，次のコンジョイント分析で具体的要素を入れて「商品」として提示すると，購入希望度が変化するからです．ポジショニング分析の段階での仮説は曖昧なため，さらに良くなるとは限らず，買う気がなくなることも時々あるからです．

図表7.8の場合，仮説Bはどちらの図で見ても良好な位置にあり，因子3（見た目）を上げれば，なお良くなります．DとFは因子2（効き目）が低く，Eは因子1（飲みやすさ）がやや低く，因子3（見た目）が大幅に低くなっています．Aは因子1（飲みやすさ）以外に良い点がなく，Cは因子2（効き目）は良いのですが最も重要な因子1（飲みやすさ）が非常に低く，この2つはいずれも思い切った改革が必要です．

図表6.8のスネークプロットの総合評価と合わせて，第一に仮説Bが極めて有力で，次にE，F，Dが有力な案となります．AとCは大幅改革の道があれば検討します．

7.3 ポジショニング分析を上手に実施・活用するヒント　　109

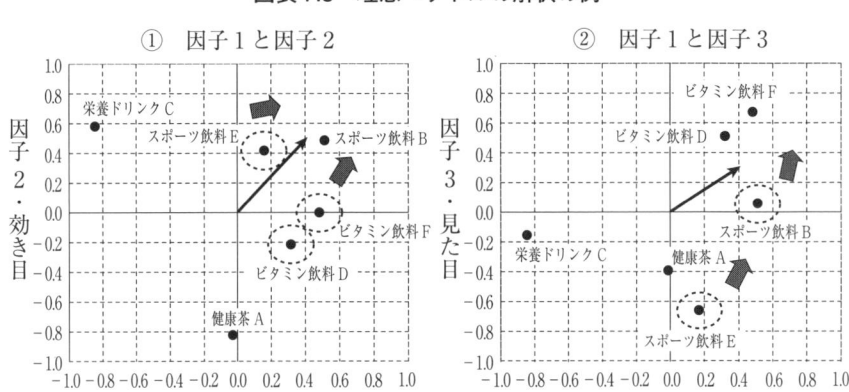

図表7.8　理想ベクトルの解釈の例

① 因子1と因子2

② 因子1と因子3

7.3 ポジショニング分析を上手に実施・活用するヒント

👆 方向を探る手法

ポジショニング分析は方向づけの手法なので,「宝は北東の方向にある」ことを示しても,「宝は○○県＊＊山にある」といった位置までは示せません. 万能選手ではありません.

しかし，例えば健康飲料の例では，（飲みやすさ）：（効き目）：（見た目）＝ 4：5：3といった「売れる方向」の比率が出るのは貴重です.「とにかく効き目があり，飲みやすいことが重要. 次に見た目の良い商品」という方向性が描けますから.

👆 スネークプロットと併用

因子分析という手法で評価項目をまとめていますので，例えば「飲みやすさ」といっても，個々の仮説で飲みやすさの中のどの項目がどう評価されているかはわかりません. そこはスネークプロットで詳細に検討してください. 必ずポジショニングマップ＋スネークプロットの両方を作成して見比べながら宝探しをしてください.

👆 因子数の決定法

「固有値が1.0以上」を目安としますが，だいたいの基準です.「共通性」が

低い(決めた因子では説明できない)のに重要な評価項目が残る場合は因子数を増やすことで解決することが多々あります．ただし，5つも6つも(たくさん)因子を使うと2つずつ組み合わせてマップを描くため，扱いが厄介になります．

　また，因子分析のソフト(使っている手法)によっては，固有値0以上を基準とする場合があります．この場合，通常の「固有値」を求めていませんので，「主成分分析」などの手法によって求めておくと安心です(「P7 かんたんプランナー」では大丈夫です)．

☜ 層別の分析がお勧め

　顧客層がいくつかに分かれている場合，層ごとに各仮説の位置と理想ベクトルを求めると良いでしょう(「P7 かんたんプランナー」ではこれがとても簡単に実行できます)．ただし，1つの層で数十名の回答者が必要です．総合評価が何通りかある場合(買いたい，試したいなど)も同様に理想ベクトルを別々に求めて比較するとよいでしょう．**図表7.9**の場合，男女で層別していますが，因子1(飲みやすさ)：因子2(効き目)：因子3(見た目)は全体では4：5：3，男性では4：4：1，女性で4：7：5となり，男性は飲みやすさと効き目のバランスの良いものを求め，見た目は重視しませんが，女性は効き目を最も重視し，見た目は男性よりはるかに重視することがわかります．また，個々の点の位置も男女で大幅に異なる(つまり，男女で評価が違う)ものがたくさんあります．

図表7.9　層別したポジショニングマップの例

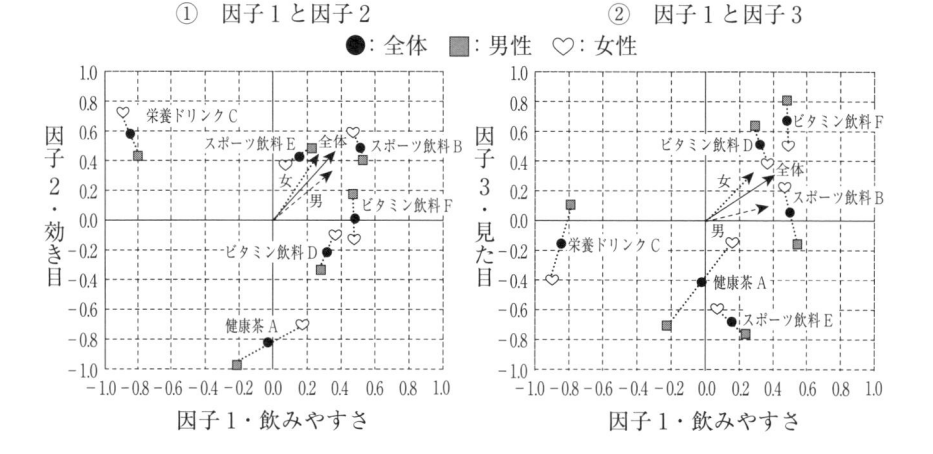

① 因子1と因子2　　　　　　　② 因子1と因子3

●：全体　■：男性　♡：女性

第8章

コンジョイント分析

8.1 コンジョイント分析とは

　いよいよ「商品コンセプト」を決定する重要な段階に入ります．コンセプトはいくつかの仮説をベースに商品イメージを完成させたものです．仮説と価格，デザインなどの要素の組合せ方で商品力は大いに変化します．例えば，「小型，おしゃれで音質抜群の熟年女性向き携帯ラジオ」は市場にはないから一応新商品のコンセプトですが，どのように小型で，どのようにおしゃれなのか，音質はどのくらいこだわるのか，機能はどこまで入っていて価格はいくらくらいを目指すのか．「スペックの手前」ぐらいの「コンセプトの落としどころ」をきちんと推定しないと「売れる商品」の設計はできません．

　コンジョイント分析は，「計画的にコンセプトの要素を動かして種々の組合せをつくり，顧客にアンケート形式で提示してその評価をしてもらい，最も良いコンセプトを決める」手法です．コンセプトテストの科学的手法といってもよいでしょう．企画担当者ではなく顧客が評価した結果から決定しますから，(上手に計画して実施すれば)売れない商品に決まるはずはないのです．このことは極めて重要なポイントです．

　また，この調査から回答者の購入に個々の要素がどのくらいの影響を与えるかわかり，購入意向の程度をいろいろな条件で予測でき，さらにはそれらを価格(購入希望価格，または購入上限価格)表示で求めることができます．

8.2 コンジョイント分析の手順

まず，基本的な2つのキーワード「属性」と「水準」を説明します．

動かすコンセプトの要素を属性，そのなかで変化するレベルを水準といいます．例えば，色と形の2つを動かし，色は赤と白の2種類，形は○，△，□の3種類を取り上げるとすると，図表8.1のように表され，色，形を属性，赤・白，○・△・□を水準といいます．

コンジョイント分析では5～6属性（各属性は2～4水準）ぐらいは普通に使われ，さらに大きなものでは8～10属性ぐらいも使います．ただ，あまりにも属性が多いと，組合せを評価する回答者は，「わけのわからない複雑な組合せ」を多数見せられて評価に迷いますので，ほどほどにすべきでしょう．

(1) 計画段階
Step 1　コンジョイント分析のタイプを選ぶ

ポジショニング分析やスネークプロットで仮説案の絞り込みを行いましたが，コンジョイント分析の計画の最初は，次のいずれのタイプを実行するか選ぶことです（図表8.2）．

① 単一型：一つの仮説を徹底的に追求するタイプ
② 並列型：複数の仮説を複数のコンジョイント分析で調べるタイプ
③ 複合型：複数の仮説の要素を属性として組み合わせた，大きなコンジョイント分析

図表8.1　属性と水準の例

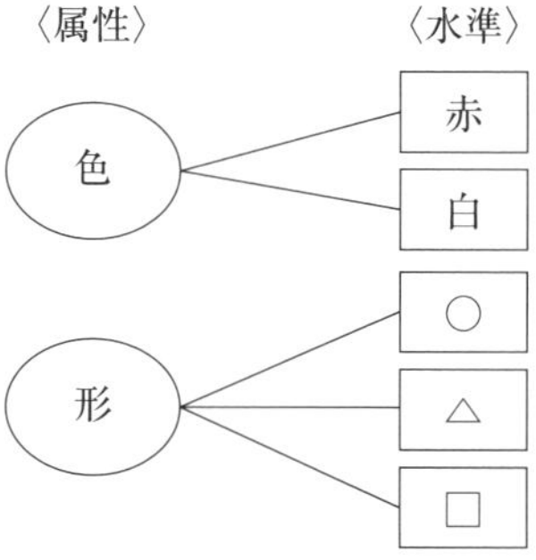

〈属性〉　〈水準〉

色 ― 赤／白

形 ― ○／△／□

②は①をいくつか並行して実施し，評価点の高いもの（または実現可能性の高いもの，現実的なもの）を最終判断で採用する方法です．2つぐらいの並行実施なら私もよくやっています（まったく方向の異なる良い仮説が残ることがしばしばありますので）．③は複数の仮説を一つのコンジョイント分析のなかで同時に評価するものです．例えば，

仮説 P：お茶の味に関して「成分で X が好まれそう」

仮説 Q：お茶の香りに関して「花の香り Y が好まれそう」

仮説 P + Q：「成分 X の入った Y の香りのお茶が好まれそう」

のように組み合わせても商品化できる仮説なら，複合型で実施したほうが顧客にとってもイメージしやすく，PとQを組み合わせたときの影響も測りやすくなります．逆に，PとQを並列型で実施すると，PとQを組み合わせた場合にどのように好まれ，いくらくらいで買ってくれるのかは不明ですから，なるべく複合型で実施します．

また，仮説が数件残っている場合は再検討して，次のことを考えてください．

- 実現可能性のない場合は削除する．
- 大きな複合型のコンジョイント分析にまとめる．
- コンジョイント分析に無理に入れないで，一般的質問のなかで独自に評

図表 8.2　コンジョイント分析実施の 3 タイプ

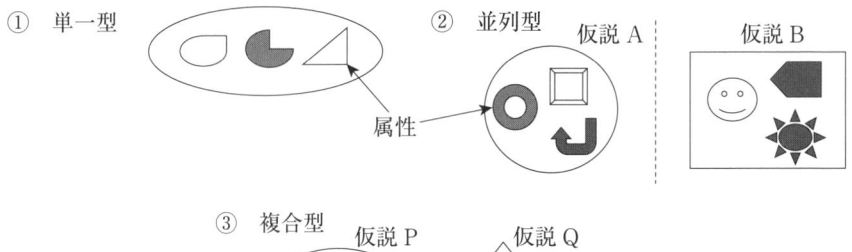

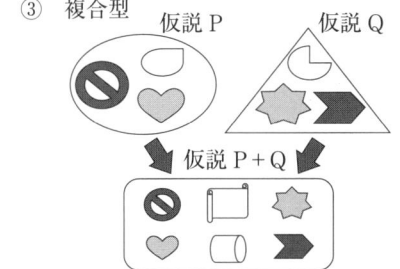

価してもらう．

Step 2　属性と水準を考える

　ここでコンジョイント分析の内容が決まりますので，最も重要です．

　動かして検証したい属性と水準を決めるのですが，主要な仮説を検討して，動かせる要素を振って属性と水準をつくります．属性が5～6種類以内程度，すべて2水準とすると，最もやりやすいシンプルなタイプになりますが，実用的には3～4水準が入るほうが多いので，ここではそれを前提に解説します．

　どれだけの数の組合せ案を回答者に提示して調査するかにより使える属性・水準の数は**図表8.3**のようになります．これは**付録A.2.1**で説明する「直交表」の性質により，このような限界数が生じます．

　考える順序は，通常以下のとおりです．

① 回答者に提示する組合せ案の数の限界を考えます．例えば，お茶のコンジョイント分析で，16通りか18通り（この辺が最も良く使われる数）ぐらいで調査しようと決めます．これで活用する「直交表」がL_{16}かL_{18}に絞られます．直交表（直行表ではありません！）の詳細は**付録A.2**を参照してください．

② 図表8.3の属性・水準の限界数を考慮しつつ，だいたいの構成を決めます．例えば，

　　味・香り：4水準　　濃さ：3水準

　　渋み：2水準　　　　カフェイン：2水準

　　ボトル：2水準　　　ラベルデザイン：3または4水準

　　おまけ：2水準

などと，おおざっぱに決めておきます．アンケート調査などで決定したような要素でも，最終的に回答者の意見で決めておきたいものがあればここに入れます．例えば，アンケート調査で「ボトルは曲線的な花の形」が圧倒的に評価が良かったとしても，他の属性・水準と組合せになったときにその評価が揺らぐことがありますので，確認のために一般的な形状を第1水準，曲線的な花の形を第2水準にして比較するとよいでしょう．

図表 8.3　使える属性・水準の数

提示する案の数	使う直交表	使える属性の数	
		3〜4水準の属性	2水準の属性
8	L_8	0	7以内
		1	4以内
9	L_9	(3水準)0	4以内
		(3水準)1	3以内
		(3水準)2	2以内
		(3水準)3	1以内
		(3水準)4	0
16	L_{16}	0	15以内
		1	12以内
		2	9以内
		3	6以内
		4	3以内
		5	0
18	L_{18}	(3水準)0	8以内
		(3水準)1	7以内
		(3水準)2	6以内
		(3水準)3	5以内
		(3水準)4	4以内
		(3水準)5	3以内
		(3水準)6	2以内
		(3水準)7	1以内

③　直交表を決定します．この例では4水準がありますので，L_{16} でなければ実施できません（3水準のみなら L_{18} で大丈夫）．

④　属性・水準を詳細に決定します．
　　各属性での水準の動かし方は以下のような3種類があります．

(a)　特定のアイデアを入れる（新規の商品）・入れない（従来の普通の商品）．

(b)　レベルを変えて「非常に画期的なレベル」「思いつきそうな良いレベル」「普通の商品レベル」，あるいは大小・強弱などのレベルで変える．

図表 8.4　コンジョイント分析の属性・水準の例(ボトル入りお茶飲料)

水準	味・香り	濃さ	ラベルデザイン	ボトル	渋み	カフェイン	おまけ
第1水準	通常の緑茶	通常	全面明るいグリーン	通常	渋い	通常(カフェインあり)	なし
第2水準	花の香りの緑茶	薄め	花の写真	曲線形(花の形)	渋くない	ノンカフェイン	あり(花の種)
第3水準	爽やかな刺激のある緑茶	濃いめ	花のキャラクター				
第4水準	中国風の緑茶		古都(京都)のイメージ風景				

〈ラベルデザイン〉　　　　　　　　　　　　　〈ボトル〉

グリーン　　花の写真　　花のキャラクター　古都のイメージ　　通常　　曲線形

(c) ありうるいくつかのタイプを並列で使う．

例えば，**図表 8.4** のように属性・水準を決めた場合，(a)は「ボトル」「おまけ」が相当し，(b)は「カフェイン」「濃さ」「渋み」，(c)は「味・香り」「ラベルデザイン」が相当します．

Step 3　直交表に属性と水準を割り当てる

直交表の縦の列に属性を順次割り当てます．割り当ての詳細な方法は巻末の**付録 A.2** をじっくりとご覧ください．

図表 8.5 が Step 2 での属性・水準を直交表 L_{16} に割り当てたものを示します．最上行の「〜列」は直交表の列の番号を示し，例えば「1, 2, 3列」はこの3列を同時に使用していることを示し，「6列」は第6列に割り当てたことを示します．表内部の 1 〜 4 が水準の番号を表し，横の1行がコンセプトの一つの組合せを表現しています．つまり，16通りの組合せ案ができたわけです．

図表 8.6 はそれらを具体的な水準の内容で置き換えたもので，すべてのイメージが明確にわかります．例えば，No.4 の組合せは次のとおりで，なかなか

8.2 コンジョイント分析の手順

図表 8.5 属性・水準の直交表への割り当ての例 1

No.	味・香り 1, 2, 3 列	濃さ 4, 8, 12 列	ラベル デザイン 5, 10, 15 列	ボトル 6 列	渋み 7 列	カフェイン 9 列	おまけ 11 列
1	1	1	1	1	1	1	1
2	1	1	2	1	1	2	2
3	1	2	3	2	2	1	1
4	1	3	4	2	2	2	2
5	2	1	2	2	2	1	2
6	2	1	1	2	2	2	1
7	2	2	4	1	1	1	2
8	2	3	3	1	1	2	1
9	3	1	3	1	2	2	2
10	3	1	4	1	2	1	1
11	3	2	1	2	1	2	2
12	3	3	2	2	1	1	1
13	4	1	4	2	1	2	1
14	4	1	3	2	1	1	2
15	4	2	2	1	2	2	1
16	4	3	1	1	2	1	2

ユニークな組合せです．

- 味・香りは通常の緑茶，濃いめだが渋くなく，ノンカフェイン．
- ボトルは曲線形（花の形）で古都（京都）のイメージ風景が描かれている．
- おまけ（花の種）付き．

Step 4　全部の組合せ案を具体的に表す

　全部の組合せは直交表の行（横方向）に表現されていますが，このまま評価してもらうのは（文字ばかりで）わかりにくいので，各組合せを具体的かつ視覚的

図表 8.6 属性・水準の直交表への割り当ての例 2

No.	味・香り	濃さ	ラベルデザイン	ボトル	渋み	カフェイン	おまけ
1	通常の緑茶	通常	全面明るいグリーン	通常	渋い	通常（カフェインあり）	なし
2	通常の緑茶	通常	花の写真	通常	渋い	ノンカフェイン	あり（花の種）
3	通常の緑茶	薄め	花のキャラクター	曲線形（花の形）	渋くない	通常（カフェインあり）	なし
4	通常の緑茶	濃いめ	古都（京都）のイメージ風景	曲線形（花の形）	渋くない	ノンカフェイン	あり（花の種）
5	花の香りの緑茶	通常	花の写真	曲線形（花の形）	渋くない	通常（カフェインあり）	あり（花の種）
6	花の香りの緑茶	通常	全面明るいグリーン	曲線形（花の形）	渋くない	ノンカフェイン	なし
7	花の香りの緑茶	薄め	古都（京都）のイメージ風景	通常	渋い	通常（カフェインあり）	あり（花の種）
8	花の香りの緑茶	濃いめ	花のキャラクター	通常	渋い	ノンカフェイン	なし
9	爽やかな刺激のある緑茶	通常	花のキャラクター	通常	渋くない	ノンカフェイン	あり（花の種）
10	爽やかな刺激のある緑茶	通常	古都（京都）のイメージ風景	通常	渋くない	通常（カフェインあり）	なし
11	爽やかな刺激のある緑茶	薄め	全面明るいグリーン	曲線形（花の形）	渋い	ノンカフェイン	あり（花の種）
12	爽やかな刺激のある緑茶	濃いめ	花の写真	曲線形（花の形）	渋い	通常（カフェインあり）	なし
13	中国風の緑茶	通常	古都（京都）のイメージ風景	曲線形（花の形）	渋い	ノンカフェイン	なし
14	中国風の緑茶	通常	花のキャラクター	曲線形（花の形）	渋い	通常（カフェインあり）	あり（花の種）
15	中国風の緑茶	薄め	花の写真	通常	渋くない	ノンカフェイン	なし
16	中国風の緑茶	濃いめ	全面明るいグリーン	通常	渋くない	通常（カフェインあり）	あり（花の種）

に表現し直します．デザイン担当者などに応援してもらえると，助かります．

　ただ，商品デザインは注意も必要で，イラストなどの出来の良否や考え方が評価に影響する可能性が高いのです．例えば，先のNo.4の組合せの

- 古都(京都)のイメージ風景
- 曲線形(花の形)のボトル

はいろいろな異なるイメージで描くことができます．特定のイメージの効果で評価が大きく影響するのを避けるためには，次の3つの方法があります．

　① あえて文章で表現して，イラストなどを使わない(回答者に想像してもらう)．
　② 数種類のイラストなどを入れて，その共通イメージで答えてもらう．
　③ 曖昧なイラストにして回答者に自由に想像してもらう．

　①は回答者がイメージしにくいため回答に時間がかかったり，個人差(人によるばらつき)が大きくなる問題があります．②はわかりやすくなりますが作成に手間と時間がかかります．図表8.7は③の例で，わかりやすく，個人差も比較的小さいと考えられます．

(2) 実施段階

Step 5　サンプル(組合せ案)を評価してもらう

　アンケート調査と同様，ターゲット層に該当する回答者にサンプル(組合せ案)の評価を依頼します(通常，アンケート調査の形式で行います)．もちろん，ネット上でも可能です．依頼する人数の考え方はアンケート調査と同様ですが，細かく層別して購入希望度の予測や影響度の比較検討をすることも多いので，安易な妥協は禁物です．ただし，不特定多数の回答者にコンセプトを知らせることになるので，秘密保持の契約をきちんと行い，関連する業界の人には回答させない注意が必要です．

　評価項目(尺度)は総合評価として「買いたい」「使いたい」「気に入った」「欲しい」など複数を使えます．「楽しそう」「使いやすそう」など一般の評価項目も使えますが，類似のサンプルを8～18通り繰り返し評価しますので，あまり多数の評価項目は回答者を疲れさせます．

　数値で評価する方法は次の3通りです．

図表 8.7　直交表にもとづいて作成したサンプルの例

〈サンプル No.1 の例〉

味・香り　：通常の緑茶
濃さ　　　：通常
ラベル　　：明るいグリーン
ボトル　　：通常
渋み　　　：渋い
カフェイン：通常
おまけ　　：なし

〈サンプル No.5 の例〉

味・香り　：花の香りの緑茶
濃さ　　　：濃いめ
ラベル　　：花の写真
ボトル　　：曲線形(花の形)
渋み　　　：渋くない
カフェイン：ノンカフェイン
おまけ　　：花の種

① 点数評価

　5段階(1〜5)，7段階(1〜7)などが一般的ですが，10点満点(0〜10)，100点満点(0〜100)などでも大丈夫です．必ず，良いほうが高い点数となるように指定をします．

② 順位評価

　サンプルを買いたい順に並べる方法で，初心の回答者にはわかりやすいのと，同一点数が多く出ることを防ぐ効果があります．ただし，8〜9通りの場合は大丈夫ですが，16〜18通りの場合はけっこう順位づけが難しいことがあります．

　また，順位の高いサンプルが低い点数(1とか2など)になるので，例えば16通りの場合

　　　1位⇒16点，2位⇒15点，…，16位⇒1点

のようにデータを変換して用いる必要があります．

③ 価格評価

　各サンプルの価格を購入希望価格，または妥当価格(〜円なら買って

も良い，あるいは買うのにちょうどよい），または上限価格（〜円までなら買う）で評価してもらいます．これは各属性・水準の影響度が価格で表現され，最適な条件組合せでの商品をいくらで買いたいかがわかるので，非常に有益なやり方です．この例では500mlペットボトル入りのお茶を想定して回答してもらっています．

(3) 分析・まとめ段階

Step 6　データを収集して統計ソフトで分析する

データを図表8.8のような形式で入力し，「P7かんたんプランナー」で分析するのが最も簡単です．結果のグラフまで直ちに得られるので，極めて効率的です．一般的な統計ソフトでも「数量化I類」という手法が備わっていればそれを用いて容易に分析することができます．

Step 7　各属性・水準の効用値から「最適水準」を求め，影響度の評価を行う

図表8.8のような形式のデータを用いて，数量化I類の結果から「効用値」を求めます．効用値は数量化I類の出力における「カテゴリー数量」と同じで，平均値に対する影響度（平均値をどれだけ増減させるかの程度）を表す，非常に重要で便利な指標です．ほとんど0の効用値ばかりの属性は（影響が小さいので）無視してもよく，またはその代わりに，自社に都合のよい条件（低コスト，つくりやすいなど）で決めてもかまいません．

なお，「全平均」はすべての評価データの平均で，数量化I類の出力における「定数項」と同じです．

この効用値のグラフ（図表8.9）から以下のような多くの貴重な情報を読み取ることができます．

①　最適水準とその時の購入意向が予測できる

「最適水準」は最も好まれる・最も売れるパターン（水準の組合せ）を表します．具体的には各属性のなかで効用値の最も高い水準です．図表8.9の例から集めると，図表8.10のようになります．効用値は加法性（加減できる性質）があると考えられますので，属性と水準を組み合わせるとどうなるかは自分で効用値を合計すれば予測できます．効用値の合

図表 8.8　コンジョイント分析用データの入力例

回答者No.	No.	味・香り	濃さ	ラベルデザイン	ボトル	渋み	カフェイン	おまけ	買いたい	希望価格(円)
1	1	通常の緑茶	通常	全面明るいグリーン	通常	渋い	通常(カフェインあり)	なし	5	150
1	2	通常の緑茶	通常	花の写真	通常	渋い	ノンカフェイン	あり(花の種)	4	130
1	3	通常の緑茶	薄め	花のキャラクター	曲線形(花の形)	渋くない	通常(カフェインあり)	なし	5	140
1	4	通常の緑茶	濃いめ	古都(京都)のイメージ風景	曲線形(花の形)	渋くない	ノンカフェイン	あり(花の種)	4	130
1	5	花の香りの緑茶	通常	花の写真	曲線形(花の形)	渋くない	通常(カフェインあり)	あり(花の種)	3	110
1	6	花の香りの緑茶	通常	全面明るいグリーン	曲線形(花の形)	渋くない	ノンカフェイン	なし	4	150
1	7	花の香りの緑茶	薄め	古都(京都)のイメージ風景	通常	渋い	通常(カフェインあり)	あり(花の種)	5	170
1	8	花の香りの緑茶	濃いめ	花のキャラクター	通常	渋い	ノンカフェイン	なし	2	120
1	9	爽やかな刺激のある緑茶	通常	花のキャラクター	通常	渋くない	ノンカフェイン	あり(花の種)	3	120
1	10	爽やかな刺激のある緑茶	通常	古都(京都)のイメージ風景	通常	渋くない	通常(カフェインあり)	なし	4	140
1	11	爽やかな刺激のある緑茶	薄め	全面明るいグリーン	曲線形(花の形)	渋い	ノンカフェイン	あり(花の種)	5	140
1	12	爽やかな刺激のある緑茶	濃いめ	花の写真	曲線形(花の形)	渋い	通常(カフェインあり)	なし	4	130
1	13	中国風の緑茶	通常	古都(京都)のイメージ風景	曲線形(花の形)	渋い	通常(カフェインあり)	なし	4	140
1	14	中国風の緑茶	通常	花のキャラクター	曲線形(花の形)	渋い	通常(カフェインあり)	あり(花の種)	5	150
1	15	中国風の緑茶	薄め	花の写真	通常	渋くない	ノンカフェイン	なし	2	110
1	16	中国風の緑茶	濃いめ	全面明るいグリーン	通常	渋くない	通常(カフェインあり)	あり(花の種)	1	100
2	1	通常の緑茶	通常	全面明るいグリーン	通常	渋い	通常(カフェインあり)	なし	5	140
2	2	通常の緑茶	通常	花の写真	通常	渋い	ノンカフェイン	あり(花の種)	4	130
2	3	通常の緑茶	薄め	花のキャラクター	曲線形(花の形)	渋い	通常(カフェインあり)	なし	3	120
2	4	通常の緑茶	濃いめ	古都(京都)のイメージ風景	曲線形(花の形)	渋くない	ノンカフェイン	あり(花の種)	4	130
2	5	花の香りの緑茶	通常	花の写真	曲線形(花の形)	渋くない	通常(カフェインあり)	あり(花の種)	3	140

8.2 コンジョイント分析の手順

図表 8.9 購入意向での効用値とそのグラフの例

属性	水準	効用値	範囲	相関係数
味・香り	通常の緑茶	−0.122	0.595	0.431
	花の香りの緑茶	0.335		
	爽やかな刺激のある緑茶	−0.260		
	中国風の緑茶	0.047		
濃さ	通常	0.051	0.400	0.337
	薄め	0.149		
	濃いめ	−0.251		
ラベルデザイン	全面明るいグリーン	−0.108	0.264	0.219
	花の写真	0.156		
	花のキャラクター	−0.099		
	古都(京都)のイメージ風景	0.051		
ボトル	通常	−0.089	0.178	0.060
	曲線(花の形)	0.089		
渋み	渋い	−0.197	0.394	0.351
	渋くない	0.197		
カフェイン	通常(カフェインあり)	0.054	0.108	0.009
	ノンカフェイン	−0.054		
おまけ	なし	−0.115	0.230	0.114
	あり(花の種)	0.115		

図表 8.10 最適水準とその効用値

属　性	最適水準	効用値
味・香り	花の香りの緑茶	0.335
濃さ	薄め	0.149
ラベルデザイン	花の写真	0.156
ボトル	曲線(花の形)	0.089
渋み	渋くない	0.197
カフェイン	通常(カフェインあり)	0.054
おまけ	あり(花の種)	0.115
合計		1.095

最適水準での購入意向予測値 = 3.121 + 1.095 = 4.216

計 1.095 が，全平均 3.121 に対する「評価上昇量」となりますので，
　　最適水準での購入意向予測値
　　　　＝購入意向平均値＋最大効用値
　　　　＝ 3.121 ＋ 1.095
　　　　＝ 4.216
となります．これはかなり高い値です．

　予測値が「4.0 ＝やや買いたい」であれば，経験的には 4 を中心として 3 と 5 に評価が分布し，相当多くの人が「買いたい」という評価をしたというわけですから，ヒット商品になる可能性が高いといえます．4.5 以上ならこの可能性はさらに高まりますから，必ず発売すべきです．最低 3.5 は欲しいところです．3.0 以下なら，相当な改善をするか，販売戦略をよほどしっかりつくらないと，危険でしょう．

　ただし，仮に予測値が 5.0（全員が買いたいというレベル）になっても，現実に商品となった場合の出来具合や価格，広告宣伝，ブランドイメージなどによって売れないケースは多々ありますから，注意すべきです．

② 最適水準はサンプルの中に存在するわけではない！
　　〈最適水準の組合せ〉
　　　花の香り・薄め・花の写真・曲線形（花の形）・渋くない・通常（苦み（カフェイン）あり）・あり（花の種）
という組合せは全 16 通りのサンプルのなかには存在しません．

　総当たりですべての組合せをつくったら，その総数は水準数の積になりますので，
　　　4 × 3 × 4 × 2 × 2 × 2 × 2 ＝ 768（通り）
という恐るべき数になります．私たちは直交表でこのなかから系統的にわずか 16 通りを選んで評価してもらって，効用値を推定することで最も売れる条件を求めたわけです．最適条件が提示したサンプルのなかに入っている可能性のほうが少ないので，16 通りそのものの詳細検討はあまり意味がありません．

③ どの属性が影響するか（影響度の評価）は範囲か相関係数で
　　多くの属性のなかで回答者はどれを重視して総合評価をしているか，

つまり影響度を調べることは今後の商品コンセプト決定に大きな役割を果たします．影響度が高ければその項目は優先的に採用し，時間・費用・人員などの投資を増強します．低ければ再検討したり，投資を縮小します．

各属性がどの程度購入意向に影響するかは，

範囲＝効用値の最大値－効用値の最小値

つまり，「効用値の幅の広さ」で測るのが簡便です．これが大きいほど，効用値は大きく変化しますので，購入意向がその分大きく変化する，つまり影響が大きいといえます．**図表 8.9** の例では，

味・香り：0.595，濃さ：0.400，渋み：0.394

となり，味に関係する要素がいずれも影響が大きいということになります．

相関係数も各属性と総合評価の関連性を表す尺度です．相関係数の詳細は本書の**付録 A.1.2** を参照してください．各サンプルの特性を表す属性に効用値という数量を（代用的に）与えて数値表現に直し，

例えば No.1 のサンプルなら

味・香り：通常 ⇒ －0.122，濃さ：通常 ⇒ 0.051

のように数量化して，属性という変数が 2 〜 4 水準で動いた際に，総合評価である購入意向にどう影響するかを求めたものです．

相関係数は－1 から 1 までの値しかとらないため「範囲」に比べると比較しやすく，1 に近いほど総合評価を上げる意味で影響が強いことを表します．**図表 8.9** の例では，

味・香り：0.431，濃さ：0.337，渋み：0.351

が 7 つの属性のなかでは割合い高いといえます（客観的にはそう高いわけではありません）．また，範囲では渋みは濃さよりもわずかに低い値になっていますが，相関係数では逆転しています．範囲と相関係数の 2 つは同じような動きをするとは限りません．

相関係数には，「統計的検定」という手段で有意性（本当に影響しているといえるか否か）をチェックできるメリットがあります．相関係数の有意性の目安は**図表 8.11** のとおりです．5％や 1％は危険率または有意

図表8.11　相関係数の有意点
（近似値）

n	5%有意点	1%有意点
50	0.277	0.364
100	0.196	0.258
200	0.139	0.182
300	0.113	0.149
400	0.098	0.129
500	0.088	0.115
1000	0.062	0.081

水準と呼ばれ，5％有意点より大きければ普通のレベルで「影響あり」（有意といいます），1％有意点より大きければ強いレベルで「影響あり」（高度に有意といいます）と判定できます．図表8.9の場合は $n=400$ で，「ボトル」「カフェイン」は有意性がなく，「おまけ」は5％で有意，その他はすべて1％で高度に有意です．つまり，このコンジョイント分析では，ボトルとカフェインは企画者が任意に水準を選択しても購入意向に影響がないという結論になります．

Step 8　さらに回答者を層別して各属性・水準の効用値から「最適水準」を求め，影響度の評価を行う

　例えば，先のお茶の例では性別や年齢層，ボトル入りのお茶を飲む頻度や好きな程度，よく飲むお茶の種類などの質問をアンケート調査票に入れておき，データを層に分けます（一つの層で最低50名ぐらい，できれば100名必要です）．その層ごとに分析を行い，最適水準や影響度を評価します．これによって，どのような層が購入意向が高く，またその層での最適なコンセプトは何か，影響度は何が高いかを精密に知ることができます．図表8.12は性別で層別して分析した例ですが，女性のほうが嗜好が明確で，購入意向も高いことがわかります．最適水準にも男女でかなり差異が現れています．女性の最適水準は「カフェイン」を除くと全体と同じですし，カフェインの効用値は小さいので，

8.2 コンジョイント分析の手順

図表 8.12 性別で層別した効用値の例

〈男性〉

項目	水準	効用値
味・香り	通常の緑茶	0.101
	花の香りの緑茶	0.319
	爽やかな刺激のある緑茶	-0.422
	中国風の緑茶	0.002
濃さ	通常	-0.14
	薄め	0
	濃いめ	0.28
ラベルデザイン	全面明るいグリーン	0.076
	花の写真	0.09
	花のキャラクター	-0.356
	古都(京都)のイメージ風景	0.19
ボトル	通常	0.18
	曲線(花の形)	-0.18
渋み	渋い	-0.233
	渋くない	0.233
カフェイン	通常(カフェインあり)	0.17
	ノンカフェイン	-0.17
おまけ	なし	0.05
	あり(花の種)	-0.05

全平均 = 2.986
最適水準での予測値 = 3.345

〈女性〉

項目	水準	効用値
味・香り	通常の緑茶	-0.345
	花の香りの緑茶	0.351
	爽やかな刺激のある緑茶	-0.098
	中国風の緑茶	0.092
濃さ	通常	0.242
	薄め	-0.782
	濃いめ	0.298
ラベルデザイン	全面明るいグリーン	-0.292
	花の写真	0.222
	花のキャラクター	0.158
	古都(京都)のイメージ風景	-0.088
ボトル	通常	-0.358
	曲線(花の形)	0.358
渋み	渋い	-0.161
	渋くない	0.161
カフェイン	通常(カフェインあり)	-0.062
	ノンカフェイン	0.062
おまけ	なし	-0.28
	あり(花の種)	0.28

全平均 = 3.256
最適水準での予測値 = 4.988

第Ⅱ部 NeoP7講義

どちらの水準を用いても大きな差はありません．しかし，男性の場合は全体とは「濃さ」「ラベルデザイン」「ボトル」「おまけ」で異なります．このような場合，男女どちらに重点を置くかによって結論が変わる可能性があります．一つの考えとして，最適水準での購入意向を求めて比較してみると，男性が3.35，女性が4.99ですから女性に最適な商品を販売したほうが，男性よりはるかに売れることがわかります．このように売れる層を調査して「真のターゲット層」を後から決めることができるのも，コンジョイント分析の特長です．

Step 9 最適コンセプトを決定する

お茶の例では全体での結果で購入意向を最も大きくする組合せは**図表8.10**にあるとおり，

花の香りの緑茶・薄め・花の写真・曲線(花の形)・渋くない・カフェインあり・おまけあり(花の種)

となります．これが回答者の求める最適コンセプトですが，

- コストの問題
- 新商品としてのインパクトの有無・イメージの良否
- 実現可能かどうか(技術的な可能性，量産可能性)

などですべては実現できないかもしれません．その場合，原則として

「効用値の小さな属性(＝影響の小さな属性)から変えていく」

とすれば，購入意向をなるべく損なわずにすみます．この例では，

第2案　カフェイン：通常(カフェインあり)をノンカフェインに変更
第3案　ボトル　　：曲線(花の形)を通常に変更

などが考えられます．しかし，

味・香り：花の香りを中国風の緑茶に変更
渋み　　：渋くないを渋いに変更

などは効用値の大幅ダウン(＝購入意向の大幅低下)を招くので，極力避けるべきです．

【価格での分析】

図表8.13は購入希望価格で各組合せを評価してもらったデータから「数量

8.2 コンジョイント分析の手順

図表 8.13 価格での効用値とそのグラフの例

属性	水準	効用値	範囲	相関係数
味・香り	通常の緑茶	−1.572	6.852	0.327
	花の香りの緑茶	3.183		
	爽やかな刺激のある緑茶	−3.669		
	中国風の緑茶	2.058		
濃さ	通常	0.155	2.784	0.156
	薄め	1.237		
	濃いめ	−1.547		
ラベルデザイン	全面明るいグリーン	2.301	8.293	0.439
	花の写真	4.670		
	花のキャラクター	−0.982		
	古都(京都)のイメージ風景	−5.992		
ボトル	通常	−5.013	10.026	0.455
	曲線(花の形)	5.013		
渋み	渋い	−1.237	2.474	0.109
	渋くない	1.237		
カフェイン	通常(カフェインあり)	0.980	1.960	0.078
	ノンカフェイン	−0.980		
おまけ	なし	−0.542	1.084	0.032
	あり(花の種)	0.542		

全平均 = 150.56(円)

化Ⅰ類」で分析した結果です(効用値,範囲の単位は円).また,各属性のなかで最も高い効用値となった水準とその効用値を**図表 8.14** に示します.これが価格での最適水準となります.

この結果からいろいろと面白い事実が判明します.

① 購入価格予測値は一般的な市場価格を上回る約 170 円となり,ユーザーは高い価値を感じます(高価格でも買う可能性が高い).

② 各属性・水準の価値が価格表示のため,非常に明快でわかりやすい.
例えばデザインの 4 案の差は最大 10.7 円など,従来評価が困難だった抽象的・感性的項目にもコストの分析ができます.非常にコストのかかる変更や新規水準が低価格の価値と評価された場合は再考をすべきです.

③ 最適水準(=最高価格で売れる商品)が購入意向でも最適とは限りませ

図表 8.14 価格での最適水準とその効用値の例

属　性	最適水準	効用値
味・香り	花の香りの緑茶	3.18
濃さ	薄め	1.24
ラベルデザイン	花の写真	4.67
ボトル	曲線(花の形)	5.01
渋み	渋くない	1.24
カフェイン	通常(カフェインあり)	0.98
おまけ	あり(花の種)	0.54
	合計	16.86

最適水準での購入意向予測値 = 150.56 + 16.86 = 167.42(円)

ん．この例では，水準そのものは一致していますが，影響度は一致しません．**図表 8.9**(購入意向での効用値)と**図表 8.13**(価格での効用値)を比較してみると，例えば

- 購入意向で影響度(範囲・相関係数)6 位のボトルは価格では 1 位
- 購入意向で影響度 2 位の濃さは価格では 4 位

といった具合でかなり食い違っています．

　価格を評価すると高そうに思え，その価格でも買っていいかなと思うが，実際にはそう買いたいわけではないケースがあります．例えば，「非常に高機能・高性能な組合せの PC で，30 万円と想定される(実際 30 万円なら買ってもいい)，しかし今は他にもっと欲しいものがあり，買いたくはない」といった場合です．

　逆に，買いたいと思うものがコスト的には安く実現できそうなため，価格評価はそう高くならないというケースも多数発生します．

　このような食い違いがある場合，最も購入意向が高い(＝実際に最も買ってくれそうな)商品について価格評価をする，というのが妥当です．

8.3 コンジョイント分析を上手に実施・活用するヒント

属性・水準の決定が特に重要

どの属性・どの水準を使うかで成否が分かれます．

① あまり巨大な分析・複雑な内容は回答者を疲れさせます

　回答者が疲れるような大きなまたは複雑な調査は高い精度の結果を期待できません．L_{16} 直交表(16通りを回答)，L_{18} 直交表(18通りを回答)あたりが限度です．

② 水準が微妙過ぎたり，専門的な表現ですと，回答者を惑わせます

　お茶の例で500mlペットボトル1本当たりのカフェイン量を

　　第1水準・ノンカフェイン

　　第2水準・カフェイン100mg含有

と提示されてもよくわからないですが，

　　第1水準・ノンカフェイン

　　第2水準・カフェイン100mg(コーヒー・カップ1杯程度)含有

と書けば，理解しやすく，回答しやすくなります．

③ 水準はアイデアのあり・なしでつくるか，レベルでつくるか

　水準をつくる際にアイデアのあり・なし(入れる・入れない，使う・使わない)という方式と，レベル(内容で差をつけて表現する)の2通りあります．どちらを使うかは企画者の判断となりますが，3水準以上ですと，両者を折衷するやり方をとれます(なし — 少しあり — 大いにあり，のように)．迷うなら，これはお勧めの方法です．

④ なるべく現状水準も入れましょう

　現状よくあるような水準も入れておいて，新しいアイデアの水準と効用値の差を求めることで，どれだけ顧客が歓迎するかを推測することができ，極めて説得力が上がります．**図表8.9**の「味・香り」の属性での効用値で，

　　通常の緑茶 = −0.122，花の香りの緑茶 = 0.335

ですから，通常の緑茶を花の香りの緑茶に変えることによる効果は

$$0.335 - (-0.122) = 0.457$$

となり，5段階評価の約 1/2 段階アップさせるので，かなり有効です．

⑤ 属性に価格を入れて価値を価格で換算

　価格を入れることにより価格変化と購入意向の関係を推測できます．例えばお茶の例で，購入希望価格を聞かず，直交表に

　　第 1 水準 150 円，第 2 水準 160 円

を割り当て，効用値が仮に

　　第 1 水準 0.154，第 2 水準 −0.154

になったとしますと，価格の差 10 円が効用値で 0.308 の差を生んだわけですから，効用値で 1 に相当するのは 10/0.308 = 32.47 円となり，各水準の効用値に 32.47 円を掛けた値が金額換算の効用値となり，最適条件では金額以外の効用値の合計が 1.095 でしたので，

　　32.47 円 × 1.095 = 35.55 円

の価値をもたらした，と評価できます．

属性に価格を入れる場合の注意！

　特に耐久消費財などでは広い価格幅を与えると極端な影響を及ぼし，他の属性の評価が正確に行えません．水準間の差はせいぜい 1.2～1.5 倍以内程度にとどめるべきです(5,000 円と 7,000 円，10,000 円と 12,000 円のように)．低価格な消耗品的商品の場合は 2 倍程度の差があっても大丈夫です．

　また，価格を入れた場合，水準の組合せによってはその価格では実現困難なケースが生まれますが，各属性を独立に評価してもらうために，そのまま使用します．回答者はそれに対して購入意向を変化させ，それ相応の点数にしますので，論理的な矛盾はありません．

☝水準はわかりやすく，具体的に提示

　仮想商品ですから，簡単に書いてあると想像できません．できれば，イメージをイラストで描画したり，補助の写真をつけるとよいでしょう．特に，商品がサービスの場合はわかりにくいので，具体的に記述します．

　〈悪い例〉　具体的でわかりやすいメニュー

〈良い例〉　各料理のカラフルな写真と使っている具材の説明があり視覚的にわかりやすいメニュー

ただし，あまりにも細かく記述しますと，そのとおりに実現されるものと誤解されますので，「つかず，離れず」くらいが適切です．

☞ **後で層別できるようにアンケートを作成**

Step 8 で述べたように，性別・年齢などでいろいろデータを層別して分析するとコンジョイント分析の効果を最大限発揮できます．これらの層別の項目はあらかじめアンケート調査票に入れておかないと，後からは操作できません．生活スタイル・購入への考え方・性格など事前にディスカッションして，どのような層を見たいかを考えておく必要があります．

☞ **回答が類似したグループを探索するクラスター分析が有効**

各サンプルへの評価点を用いて，回答パターンの類似するグループを見つける「クラスター分析」を行うことは有効です（手法については**付録 A.1.4 を参照**）．16 サンプルを提示したなら，その評価点を 16 変数としてこの分析を実施すると，**図表 8.15** のような樹形図（デンドログラム）が出力され，大きく 2 つのクラスターに分割できます．各クラスターのサンプルを集計すると購入意欲の高低や個人属性の特徴，重視項目などが明確になります．

その後，各クラスターごとにコンジョイント分析を実施して比較します．

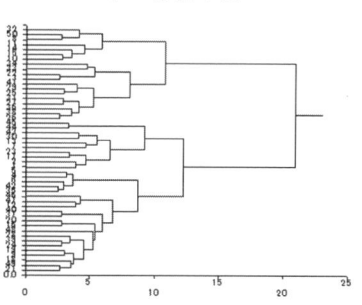

図表 8.15　回答パターンによるクラスター分析の例

最適水準が最終コンセプトになるとは限らない

　実現不可能(または困難)なものが最適となることはよく起こります．他社が類似のものを出していたということもあります．このような場合の「次善の策」もコンジョイント分析では科学的に導き出せます．あらゆる(実現しうる範囲での)水準組合せで効用値から購入意向の予測値を求め，そこからなるべく高い予測値で組合せを決定するのです．「P7 かんたんプランナー」ではすべての組合せでの予測値を計算してグラフ表示できますので，たいへん便利です．

第9章

品質表

9.1 品質表とは

　前節まででおそらく強力な感動商品のコンセプトが見つかったものと思います．新鮮なコンセプトや売れそうなコンセプトが決定したと思います．ただ，それが商品全体を表現しつくしているわけではなく，ましてや技術的に完全に実現できるとは限りません．そこで，(コンジョイント分析で得た)最適コンセプト＋その他の必要項目つまり「顧客の要望・期待」を各種の「技術特性」に関連づける(翻訳する，変換する)手法があるとたいへん便利です．これが「品質表」の役割です．図表9.1がそのイメージです．

　図表9.2が実際の品質表(第8章でのお茶飲料の事例)です．横方向(行方向)にここまでにわかった最適コンセプトやさまざまな要望項目や期待項目(実現してほしい，実現できたら良いと思われる項目)を配置し，縦方向(列方向)には技術特性(実現するとしたら必要な技術・素材，実現のための特性を表す指標など)を配置してマトリックス状(2元表)の形に表し，クロスした項目間の関連の強弱を記号で表示したものです．

　そもそも品質表は「品質機能展開(QFD：Quality Function Deployment)」といわれる，開発のための大きな手法体系の最初の段階です(詳細は文献[11])．

　QFDは顧客の要望・期待・要求事項を入力して，技術特性，品質要素との関連性を導き出し，それを機能，生産技術，コスト，信頼性などに次々に関連

図表 9.1　品質表のイメージ

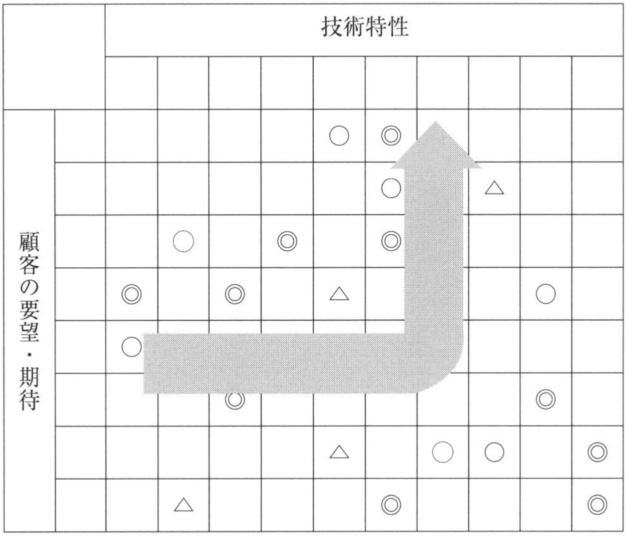

	技術特性

（顧客の要望・期待を技術特性に翻訳）

づけていき，顧客ニーズを確実に実現するのが目標です．ものの開発はもちろんのこと，サービスの開発でも活用されています．

　品質表は，企画者が顧客の意向を調査し，考案して決定した内容を現実の商品にするため開発者（技術者）に橋渡しする第1段階で用いるツールです．したがって，企画者はここで開発者と深くコミュニケーションをとり，きちんとバトンタッチしなければなりません．

　従来は企画プロセスが曖昧だったため，品質表へのインプットも「わからないので，あれこれ詰め込む」か，または「明確ではあっても間違ったコンセプト」になっていたことがありました．これらはどちらも売れない最終商品に至ります．もしも，インプットであるコンセプトが曖昧であれば，結局

- 実現しやすい商品，つまり簡易なもの，既存技術の範囲でつくれるものや開発期間や開発コストのかからないもの
- 売りやすい商品，つまり低価格商品や現在の市場の売れ筋商品に近いもの

を目指すことになりがちです．これらは技術や営業の都合であり，顧客の意向

9.1 品質表とは

図表 9.2 品質表の例（お茶飲料）

技術特性展開表 1次		原料			成分			お茶の特性			味覚特性			香味特性	素材(PET)			ボトルデザイン			パッケージ			ラベル				ノベルティ				重要度
期待項目展開表 1次	2次 / 3次	茶葉種類	茶葉混合比	原料水	カフェイン量	健康成分	添加物	濃さ	透明度	色	苦み	渋み	甘み	香味	原料成分	厚み	耐熱性	形状	色	凹凸	気密性	素材	デザイン	商品名ロゴ	色調	内容説明	測りやすさ	大きさ	デザイン	中身バラエティ	ボトルへの付け方	
味・香りが良い	従来にない香り	◎					○							◎																		6
	花の香りがする	◎	△				◎							◎																		10
	しっかり緑茶の味・香りがする	◎	◎	△				○			○	○																				4
飲みやすい	薄くて飲みやすい	◎	◎	○				◎	○		○	○	△																			6
	苦くない	◎	◎					○	○		◎	◎	○																			7
	飲み心地がなめらか	○	◎	○				◎	△	△	○	○																				5
	たくさん飲める	△	○	○				○	○	△	○	○																				5
	いつでも飲める	△	○					○	△	△																						3
	クール・ホットともおいしく飲める	△	○							△						◎																4
見た目がおしゃれ	おしゃれなボトル																	◎	◎	◎			○	◎	◎							5
	インパクトあるボトル																	◎	◎	○			○	○	◎							4
	曲線的（花の形）なボトル																	◎					○		○							5
	ラベルに花の写真																						○	○		○						7
おまけが楽しい	花の種が付いている	○	○		○																					◎					◎	6
	楽しいおまけが付いている	○	○		○																					○			◎	◎	◎	4
	得した気分になる																									○				○		4
安心して飲める	体に有害な成分がない	○	○	◎		○	◎		△				△																			3
	元気になる（カフェイン入り）	○	○		◎	○		△	○																							5
	健康に良い	○	○	○		◎			△	△	△		△																			4
経済的である	原材料などが分かりやすい	◎	○			○		△																△		◎						3
	ボトルを長期保存できる																◎				◎											3
	価格が手頃	○	○												○	△	△	△		△	△	△	△									2
重要度																																3

の反映ではありません．一方，Neo P7 の流れに沿って導いた最適コンセプトを中心としたインプットを用いれば，技術的な困難や高コストなどの障害（壁）が立ちはだかっても，「売れる見通し」が検証されていますから，開発陣は喜んで取り組むはずです．

9.2 品質表の手順

Step 1 「期待項目展開表」（企画側の項目のまとめ表）を作成する

まず，コンジョイント分析で得た最適案をまとめます．お茶の例では，

花の香りがする／薄くて飲みやすい／曲線的（花の形）なボトル
ラベルに花の写真／花の種が付いている

がそれです．

次に，それ以外の項目を順次挙げていきます．

① インタビュー調査，アンケート調査などで「実現すべき」とされた項目を列挙します．お茶の例では「飲み心地がなめらか」「クール／ホットともおいしく飲める」「ボトルを捨てやすい」「健康に良い」などです．メインコンセプトではありませんが，それがあれば嬉しいと思われる項目を入れます．無論「何でも入れる」ということではありません．

② 類似商品で実現されている項目，社会通念上実現すべき項目を入れます．例では「しっかり緑茶の味・香りがする」「いつでも飲める」「どこでも入手可能である」「体に有害な成分がない」「長期間保存できる」「価格が手頃」などです．最近は健康，環境などの問題に対処することは，顧客が特に言わなくとも必須の項目ですから，それも考慮します．

次に，これらの細かな項目（2次項目）を類似性で系統的に整理し，2次項目をいくつかまとめてラベルを付けて，「1次項目」とします．なるべくわかりやすい名前がよいです．

Step 2 「技術特性展開表」（開発側の項目のまとめ表）を作成する

通常の開発・設計などで取り上げる特性を列挙し，また Step 1 で挙がった項目に対応しそうな技術特性，代用特性（直接測れない場合に代わりに使う特

性)などを取り上げます．これらを少数の場合は期待項目展開表と同様に1次，2次に分類し，多数(幅広く)ある場合は1次～3次に分類します．

Step 3　品質表を作成する

Step 1, 2で作成した展開表を**図表9.2**のような2元表(縦横に組み合わせた表)にします．

Step 4　関係の強弱を推定して記号で記入する

クロスした部分にその関係の強弱を推定して◎(強い関係あり)，○(関係あり)，△(弱い関係がありうる)で記入します．△は必須ではありません．

以下のStep 5, 6は必須ではありませんが，数値化することで単なる直観による表ではなくなり，利用価値が拡大します．

Step 5　期待項目の重要度を推定する

① コンジョイント分析結果の効用値は購入意向に対する重要度ですから，0～最大効用値を分割して，これらを数値化します．お茶の例では，**図表9.3**のように最大効用値の区間を10点としますと，**図表9.4**のような重要度になります．なお，分割は必ずしも等分にする必要はありません．また，論理的には7段階(1～7)，100点満点(0～100)などでもかまいませんが，5段階(1～5)は重要度の差異が小さくなってしまうので，あまりお勧めしません．また，効用値が小さな値ばかり(例えば，人数にもよりますが，400名に実施したL_8直交表を使ったすべて2水準ずつのコンジョイント分析で，5段階評価で効用値がすべて−0.04～0.04の範囲に収まる程度)の場合は重要度そのものに統計的に有意な差がありません．したがって，Step 5, 6そのものが無意味です．

② コンジョイント分析で取り上げなかったその他の項目は，この数値を基準として推定した値を入れます(**図表9.5**)．

figure 9.3 重要度の分類の例

効用値	重要度
0 〜 0.05 未満	4
0.05 〜 0.1 未満	5
0.1 〜 0.15 未満	6
0.15 〜 0.2 未満	7
0.2 〜 0.25 未満	8
0.25 〜 0.3 未満	9
0.3 〜	10

図表 9.4 主要コンセプトの重要度の例

2次項目	効用値	重要度
花の香りの緑茶	0.335	10
薄い目	0.149	6
花の写真	0.156	7
曲線(花の形)	0.089	5
苦くない	0.197	7
通常(カフェインあり)	0.054	5
あり(花の種)	0.115	6

Step 6　技術特性の重要度を推定する

① 同じ行(同じ期待項目)における◎，○，△のウェイトを決めます．通常は◎：○：△ = 3：2：1 を用いますが，独自のウェイトを定義してもかまいません(5：3：2 など)．

② 各行の重要度はこれらの関連性をとおして技術特性に分散されると考え，◎，○，△に比例配分します．ただし，行(期待項目)の重要度が列(技術特性)の重要度の和となるという仮説にもとづいていますので，類似の技術特性が多いと一つ当たりの配分はどうしても小さくなります．

　例で求めます．**図表 9.2** の期待項目中の「苦くない」の行を見てください．◎が 3 個，○が 3 個，△が 1 個あり，その合計点は次のとおりです．

$$3点(◎) \times 3 + 2点(○) \times 3 + 1点(△) \times 1 = 16点$$

そこで◎1個は 16 点中の 3 点を占めるのでこの項目の重要度 7 を配分すると，

$$7 \times \frac{3}{16} = 1.31$$

同様に○1個は，

$$7 \times \frac{2}{16} = 0.88$$

△1個は，

図表9.5 期待項目の重要度表の例

1次項目	2次項目	重要度
味・香りが良い	従来にない香り	6
	花の香りがする	10
	しっかり緑茶の味・香りがする	4
飲みやすい	薄くて飲みやすい	6
	苦くない	7
	飲み心地がなめらか	5
	たくさん飲める	5
	いつでも飲める	3
	クール／ホットともおいしく飲める	4
見た目がおしゃれ	おしゃれなボトル	5
	インパクトあるボトル	4
	曲線的(花の形)なボトル	5
	ラベルに花の写真	7
おまけが楽しい	花の種が付いている	6
	楽しいおまけが付いている	4
	得した気分になる	4
安心して飲める	体に有害な成分がない	3
	元気になる(カフェイン入り)	5
	健康に良い	4
	原材料などがわかりやすい	3
	ボトルを捨てやすい	3
経済的である	長期間保存できる	2
	価格が手頃	3

$$7 \times \frac{1}{16} = 0.44$$

となります．このようにして，**図表9.2**の◎，○，△をすべての行で点数化して**図表9.6**をつくります．さらに，これを使って全部のセルを数

図表9.6 技術特性のウェイトの例

	個数 ◎	個数 ○	個数 △	点数 ◎	点数 ○	点数 △
従来にない香り	3	1	0	1.64	1.09	0.55
花の香りがする	3	0	1	3.00	2.00	1.00
しっかり緑茶の味・香りがする	6	3	1	0.48	0.32	0.16
薄くて飲みやすい	4	6	1	0.72	0.48	0.24
苦くない	3	3	1	1.31	0.88	0.44
飲み心地がなめらか	7	1	1	0.63	0.42	0.21
たくさん飲める	3	5	3	0.68	0.45	0.23
いつでも飲める	1	7	3	0.45	0.30	0.15
クール／ホットともおいしく飲める	2	7	2	0.55	0.36	0.18
おしゃれなボトル	6	2	0	0.68	0.45	0.23
インパクトあるボトル	6	1	0	0.60	0.40	0.20
曲線的(花の形)なボトル	2	3	0	1.25	0.83	0.42
ラベルに花の写真	2	2	0	2.10	1.40	0.70
花の種が付いている	2	2	0	1.80	1.20	0.60
楽しいおまけが付いている	2	0	0	2.00	1.33	0.67
得した気分になる	0	4	0	1.50	1.00	0.50
体に有害な成分がない	2	5	2	0.50	0.33	0.17
元気になる(カフェイン入り)	2	2	2	1.25	0.83	0.42
健康に良い	2	3	6	0.67	0.44	0.22
原材料などがわかりやすい	1	0	0	3.00	2.00	1.00
ボトルを捨てやすい	4	0	0	0.75	0.50	0.25
長期間保存できる	2	4	1	0.40	0.27	0.13
価格が手頃	3	11	4	0.26	0.17	0.09

値化すると**図表9.7**となります．

③ 列方向(縦)に技術特性ウェイトを合計した値を求めると，期待項目重要度を技術特性重要度に変換した値になります(**図表9.7**の一番下の行)．

9.2 品質表の手順

図表9.7 技術特性重要度の計算結果の例

技術特性展開表			茶			お茶の特性			味覚特性				素材(PET)			ボトルデザイン			パッケージ			ラベル			ノベルティ			期待項目重要度
1次	2次	3次	茶葉種類	茶葉混合比	原料水	健康成分	添加物	濃さ	透明度	色	苦み	渋み	甘み	香味	原料成分	厚み	硬さ	耐熱性	形状	色凹凸	気密性	素材	デザイン	商品名ロゴ	色調	内容説明	剥がしやすさ	大きさ	デザイン	中身バラエティ	ボトルへの付け方	
期待項目展開表	1次	2次																														
味・香りが良い	従来にない香り	◎	◎									◎																			6
	花の香りがする	◎	△		◎							◎																			10
	しっかり緑茶の味・香りがする	◎	◎	△								◎																			4
飲みやすい	薄くて飲みやすい	◎	◎		◎		◎	△		◎																					6
	苦くて飲めない	◎	◎		△		◎	△	△	◎																					7
	飲み心地がなめらか	◎	△		◎		◎	△	◎	◎	◎																				5
	たくさん飲める	△	△		◎		◎	△	◎	◎	◎																				5
	いつでも飲める	△	△		◎		◎	△	◎	◎	◎																				3
	クール／ホットともおいしく飲める						△	△	△	◎	◎	◎			◎																4
見た目が良い	おしゃれなボトル															◎	◎	◎				◎	◎							5
	インパクトあるボトル															◎	◎	◎				◎	◎							4
	おしゃれ曲線的(花の形)なボトル															◎	◎	◎				◎	◎							5
	ラベルに花の写真																														7
おまけが楽しい	花の種類が付いている																										◎	◎	○	6
	楽しいおまけが付いている																										◎	◎	○	4
	得した気分になる																												○	4
安心して飲める	体に有害な成分がない	◎	◎		◎	◎				△																				4
	元気になる(カフェイン入り)	◎	◎		◎					△	△																			5
	健康に良い	◎	○		◎	◎				△																				4
	原材料などがわかりやすい																					△	○	○						3
	ボトルを捨てやすい																		◎		△				◎					3
経済的で価格が手頃である	長期間保存できる	◎	○				△								◎	△			◎	△										2
		◎	◎												◎					△										3
技術特性重要度			11.03	9.32	3.71	2.94	1.17	6.35	4.97	1.99	4.24	3.81	3.82	7.96	0.17	1.19	0.75	1.40	3.45	2.29	3.39	1.26	3.26	5.07	2.68	3.38	5.23	0.75	2.37	4.97	2.20	

図表 9.8 技術特性重要度の高いもの

茶葉種類	11.03
茶葉混合比	9.32
香味	7.96
添加物	6.35
内容説明(ラベル)	5.23
デザイン(ラベル)	5.07
デザイン(ノベルティ)	4.97
中身バラエティ(ノベルティ)	4.97
濃さ	4.97
苦み	4.24

場合によっては値の大小で分類して◎，○，△などで表示するのもわかりやすいでしょう．技術特性重要度の高い順に10位の例までをまとめると**図表9.8**のようになります．したがって，茶葉の選定・混合(ブレンド)，香りや添加物の検討が最重要となります．また，ラベルやノベルティもおろそかにできないことがわかります．

Step 7　全体を考察する

例えば，この例では以下のように品質表の結果を考察します．

① 要求が実現されるかチェックする：顧客の要求事項の中で，1行の中でまったくマークのついていない項目は「技術的に実現されない」か「既存の技術では評価できない」ことになりますが，これはありません．

② 技術特性のポイントをチェックする：技術特性を点数化した結果，茶葉の選定やブレンドが最重要なことが判明しました．ラベルやノベルティもしっかり考察することが必要です(これは新たな発見です)．

③ 比較する：他社品，従来品などの特性と比較して，期待を実現するとしたら，何をどうすべきかの研究開発の目標・指針が明確に得られました．例えば，第3位の重点項目である香味において他社が一歩先んじていて当社が弱いとしたら，これを機に大幅な投資や人材増強を図らねば

なりません．

9.3 品質表を上手に実施・活用するヒント

☞ **顧客の期待項目はきちんとした調査から**

　思いついた項目やインタビューで飛び出した項目などを列挙式に入れてはまったく無意味です．想像で「多分こんなものを欲しがっている」「恐らくこんな項目が必要だ」などで列挙してはいけません．でたらめなインプットの品質表からは(当然ながら)でたらめなアウトプットしか出ません．

☞ **期待項目の重要度を単純なアンケート調査で聞くのは危険**

　重要度をアンケート調査で聞くのは悪くはないのですが，

　　　5＝重要　　　4＝やや重要　　　3＝どちらでもない
　　　2＝あまり重要でない　　　1＝重要でない

で質問された場合，皆さんはどういう答えをしますか？　例えばお茶で

　　　味は？⇒「重要」　　　　　　　香りは？⇒「やや重要」
　　　ボトルデザインは？⇒「やや重要」　価格は？⇒「重要」

などと答えますね．しかし実際の購入シーンでは，そこまでいろいろなことを重視してはいません．重要度評価は建前(多分自分にとって＊＊は重要なはずだ)で回答しがちなのです．本音で評価してもらうには，極めて具体的なものを示しての評価，つまりコンジョイント分析での評価が最良です．

☞ **期待項目重要度は(できれば)他社，他商品比較も参考に**

　まったくの新規商品は別として，他社商品などと比較できる場合は弱い部分，強化したい部分は意図的に重要度は大きくし，優位性を十分保てる部分は重要度はやや下げて過剰投資を避けます．

☞ **企画者と技術者のコミュニケーションが大切**

　品質表は開発プロセスへの入口ですから，企画者が考え，決めたこと，いわば「思い」が開発者に伝わらなければ，無意味です．企画者は「どういうことで実現されるのか」を理解し，開発者は「今回の企画の本質，ポイント」はどこにあるのかを理解し，どこに重点を置くべきかを考えます．それには品質表を通じて両者が互いの考えを理解し，つながり合うことが重要です．

第10章

事例
「ゴムを利用した生活雑貨の企画」

　第Ⅱ部までに Neo P7 の考え方，手法の詳細を述べました．仮説を集め，選別し，熟成し，最終商品に育てていく具体的なプロセスをご理解いただけたでしょうか．

　さて，第Ⅲ部ではこれらの手法を最も忠実に活用したと思われるリアルな例として，「ゴムを利用した生活雑貨」の企画事例を紹介します．3つの意味でこの事例は極めて興味深いものがあります．

(1)　典型的な生産財メーカーが手がけた企画事例である
　B to C（一般消費者向け）ではなく B to B（企業向け）のメーカー（生産財メーカー）が消費者向け商品を企画するというのは珍しいことです．これは **3.1 節** (2)で述べたように

　　　「生産財メーカーも積極的に商品企画を行い，その結果を（納入先の）消
　　　費財メーカーに提案していくべき」

という私のポリシーと（新たな商品分野を開拓したいという）企業側の希望が合致して始まったプロジェクトだからです．

　日本企業の圧倒的多数は中小企業であり，またそのなかでも生産財メーカーとサービス業が主流です．生産財メーカーでは（受注生産のため）商品企画の経験がほとんどなく，独創的商品の企画ができません．いや，実はできないと思い込んでいるだけで，学び，経験して能力を育てれば，どんな企業でも商品企画は可能です．そのようなことを実証する事例になっています．

もちろん，消費財メーカーであっても，サービス産業であっても方法は変わりありませんので，十分参考にしていただけます．

(2) Neo P7のうち品質表を除く6つの手法を活用している

以下の6手法をほぼ忠実に活用した事例になっています．
- ① 仮説発掘法（フォト日記調査）
- ② アイデア発想法（焦点発想法）
- ③ インタビュー調査（グループインタビュー）
- ④ アンケート調査
- ⑤ ポジショニング分析
- ⑥ コンジョイント分析

(3) 産学協同研究による事例である

「神田研究室3年生4名＋私」のチームとの間で実施した産学協同研究の成果です．したがって，学生らしい，生き生きとした観察眼・アイデアとパワーを発揮したわかりやすい事例になっています．

この事例は実際に大阪のゴム用品メーカー「共和ゴム株式会社（以下，K社）」(http://www.kyowa-r.com/)と神田ゼミ学生が産学協同研究を行った内容に若干の補足・修正を行ったものを，K社の許可を得て公開するものです（通常は契約上，商品企画のプロセスや内容の公開はまったく許されません）．

K社は主に工業用のゴム部品（生産財）をつくっていますが，その他に医療・健康用のゴム商品も開発していて，いかにしたら生活シーンのなかで新たな価値あるゴム応用商品を企画できるかを模索していました．そのようななか，ある雑誌での私の紹介記事を見た寺阪剛社長からメールが来て，大学生チームとの商品企画活動が始まりました．

10.1 企画の前に

(1) 準　備

　初めに，今回のテーマ「生活シーンのなかで使える新たな価値あるゴム応用商品」とはどういうものか，ということをメンバー全員で話し合いました．
　また，学生はゴムでどのようなことができるのかということを知らないため，自らのもつゴムのイメージなどを話し合いました．K社からゴムの特性について正確な説明を受け，その結果，驚くようなゴムの機能や特徴を多数理解できました．そのなかでも特に「熱を伝えにくいゴムもある」という事実は今回の企画の最後まで関係する重要なポイントとなり，「（予想以上に）いろいろなことに応用できそうだな」というワクワク感が広がりました．
　このように，スタート時点でメンバー全員が対象商品や市場に関して知識を共有し，思いを広げていくことは重要です．

(2) ターゲット，テーマの考察

　K社からのテーマが漠然としたものだったため，「20代女性向けの」や「高齢者向けの」のような具体的なターゲット層は設けませんでした．その代わりに「どのようなものをつくるか」というゴム活用の方向性（利用範囲や利用シーン）から入って，改めてターゲットを考えることとし，とりあえずは「ゴムの特性を利用した生活雑貨」という大まかなテーマに決定しました．
　このようなことは広範囲な応用をもつ素材系メーカー（ガラス，プラスチック，繊維，スチールなど）ではよくあることです．もちろん，ターゲットからスタートする（例えば20～30代女性会社員のためのグッズのような）方法もあります．どちらが良いかは一概にはいえませんが，3.1節(1)で述べたように，あまりに狭い範囲に限定することはお勧めできません．

10.2 仮説発掘法（フォト日記調査）

　まず，生活シーンのなかから役立つ雑貨の仮説を大量に得るために仮説発掘法の「フォト日記調査」を実施しました．この手法を用いたのは，個人の生活

の様子から隠れたヒントを見出すのに最適と判断したからです．

　生活の周辺を見渡してゴム活用商品の仮説を立てるために，大学生 20 名（男子 10 名，女子 10 名）に日々の何気ない風景を図表 10.1 のようなフォト日記で描写し，各々にコメントや感想を書いてもらいました．このなかには自分の生活はもちろんのこと，趣味・アルバイト・部活動・家族・友人に関することや街で見た日常風景などもあり，多くの仮説創出に役立ちました．

　学生 1 人につき週 4 日（平日 2 日＋土・日）で，総計 80 枚の PowerPoint スライドを収集しました．次にこのスライドを担当学生 4 名が見て（1 人平均 5 名分スライド 20 枚），図表 10.2 のようなフォームを各自が作成し，仮説をどんどん創出しました．

　この作業は今後の方向を決定づける重要なものなので，十分に時間をかけて

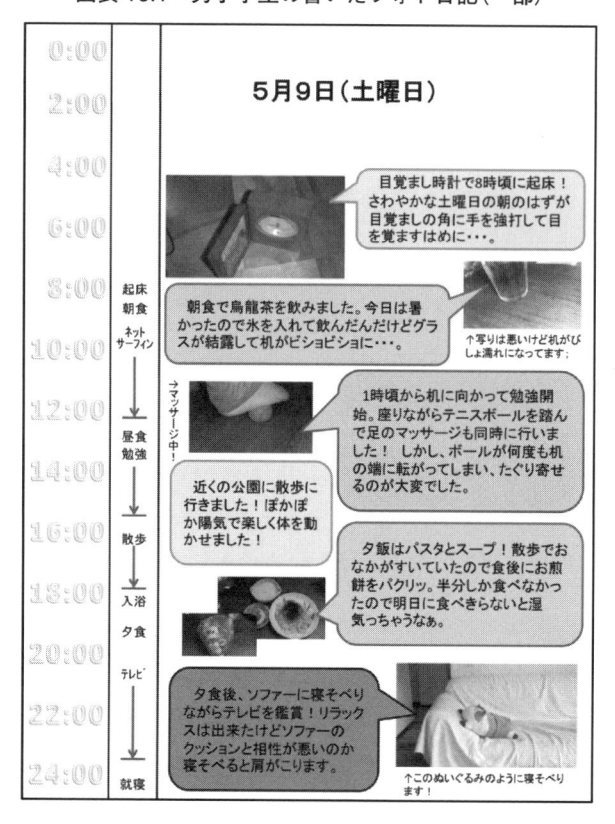

図表 10.1　男子学生の書いたフォト日記（一部）

図表 10.2　フォト日記からのアイデア創出フォーム（一部）

内容		状況	気づき		アイデア
			気分・考え・願望	問題点など	
	結露して机が濡れる	暑い日に氷を入れて	・結露しないで欲しい ・結露しても机が濡れないようにして欲しい	自然現象なので結露自体を止めるのは難しい	①コップを吸水性の物で包む ②コップ自体にゴムのケースを着せる ③熱が伝わりにくいゴムでコップを作る
	煎餅が湿気る	夜に袋を開けて針金で閉じる	・いつでもサクサクの煎餅が食べたい	湿気に触れないようにする必要がある	①完全密封できるゴムのテープ ②湿気を通さないゴムの袋

実施し，一通り終わったら全員が持ち寄って議論し，修正や追加を行いました．

10.3　アイデア発想法

　次のステップでは，アイデア発想法の「焦点発想法」を実施することで，さらに多くのアイデアを創出しました．**図表 10.3** は学生が行った発想法の結果で，「テニス」に焦点を当てその特性・要素からアイデア創出を行った例です．

　仮説発掘法とアイデア発想法のプロセスを通じて，計 100 個を超える（！）アイデア集が得られました．次に K 社とのディスカッションにより，ゴムで実現可能な 45 個のアイデアを抽出し（**図表 10.4**），そのなかから，

　①　新規性（えっ？　と思う意外性のある商品になるか？）
　②　実用性（なるほど，と思う便利な商品になるか？）

の 2 項目でメンバー全員が評価点をつけ，その合計点で「有用」と判断されたアイデアを 11 件選択し（網掛け部分），以降のプロセスで精密な検証やさらなる改良を図ることにしました．

図表 10.3　焦点発想法シート（一部）

焦点を当てる対象：テニス　　　　　　　テーマ：ゴムを利用した雑貨

「テニス」の特性・要素	中間アイデア	「ゴムを利用した雑貨」のアイデア
ラケット	打つ，弾き返す	どんな水でも弾き返すゴムでコーティングされた防水スピーカー
ボール	練習をすると散らばる，集めるのがたいへん	たくさんのCDをまとめて収納できるCDケース（ゴムなので逆さにしても滑り落ちない）
コート	テニスをする場所→作業をする場所	机に敷く硬質なゴムでできているシート（作業中に紙が落ちたりずれたりしにくくする）
ラリー	打ち合う，途切れない	強い力を加えても折れないシャープペンの芯（ゴムを混ぜて折れにくく！）

10.4 インタビュー調査（グループインタビュー）

　一般の方々にこれらのアイデアを定性的に評価してもらい，生活シーンでの利用価値などを調べるため，グループインタビューを実施しました．若年層の代表として学生（成城大学生，2回計10名）と一般の主婦（K社の知己の方々，2回計12名）に協力いただき，計4回，22名のグループインタビューを実施しました．このインタビューのなかでは，

- 日常よく使うゴム商品
- ゴムに対するイメージや不満点
- ゴム応用商品への希望

などを尋ね，その後前節で選択したアイデアを拡大・修正した13個について，それらの率直な感想や使用シーン，問題点を語ってもらいました．

　グループインタビューの結果は次のとおりです．
〈ゴムの特徴〉
- 伸びる
- 水を弾く
- 劣化しやすい
- 熱に弱い
- 弾力性が高い

〈ゴムに対する不満〉

10.4 インタビュー調査（グループインタビュー）

図表 10.4 抽出したアイデア一覧表

一部がゴムでできたハンガー	ゴムの粒が入った低反発枕	ノートパソコンの角に付けるゴム
運動してもずれにくいメガネフレーム	ゴムのビーズが入っているソファー	伸び縮みするベルト
お札や小銭が多くなっても入れられるゴム製の財布	ゴムの接着剤	伸びるエコバック
お風呂にもおける防水ゴムカレンダー	湿気，冷気を防ぐゴムの編み込まれたカーテン	踏んでも割れないメガネケース
カタカタ音が出ず静かに入力できるキーボード	ずり落ちにくいゴムのテーブルクロス	防水，落下防止のゴム携帯電話
鞄に丸めて入れられるシワにならないゴムノート	ずれないマット	保温性の高い弁当箱
鞄の中で書類が落ちないゴム製クリアファイル	背もたれがゴムでできた椅子	骨が折れないようにゴムでできた団扇
噛んでもつぶれないゴム製のストローの先端	先端がゴムでできたお箸	水に強いゴムコップ
傷から守る保護フィルム	たくさんの CD をまとめて収納できる CD ケース	結んだ箇所がほどけにくい靴ひもの先端
グラスを傷つけないゴム製の注ぎ口	小さく折りたためるゴムボート	揺れても傾かない額縁
硬質ゴムを使ったギブス	机に敷く硬質なゴムでできているシート	汚れてもシミにならないゴムクッションカバー
コップの底にはめる滑り止め	強い力を加えても折れないシャープペンの芯	落下のダメージを和らげる携帯電話のゴムカバー
ゴム製コップホルダー	デジカメのゴムカバークッション	リモコンのゴムカバー
ゴムテープ・ゴムひも	手にフィットするゴムブックカバー	皿の底がゴム
ゴムでできた灰皿	どんな水でも弾き返すゴムでコーティングされた防水スピーカー	防水・保温機能のあるドリンクホルダー
ゴムでできた植木鉢	斜めに置いても倒れにくいブックスタンド	万能ものつかみ

- 独特の臭いがある
- ギュッという摩擦音が不快
- 温度が高いと溶けて貼り付く

- 長期間使うとヌルヌルしてきて感触が悪い

13個のアイデアに対する評価では**図表10.5**のような意見が出ました．また，ヌルヌルしたり，臭いがあるという点からか，ゴムに対して多くの人が共通に不衛生なイメージを抱いていることが判明しました．

この結果，各アイデアで改善すべき点や，商品としての見込みもある程度判明しました．

10.5 アンケート調査

ここまでの「仮説発掘法」「アイデア発想法」「インタビュー調査」の結果をもとに，各アイデアを詳細かつ定量的に評価し，改善点を発見します．

この事例ではアイデアが幅広いだけでなく，顧客層も多岐にわたるため，「クラスター分析」で回答者をグルーピングして，より深い分析を試みています．

(1) 調査票の作成

調査票をつくるにあたり，まず，目的の中心である商品アイデアの評価質問について考えました．インタビュー調査では13種類のアイデアについて意見を聞きましたが，そのなかで高評価を受けたアイデアや，インタビュー中に出た不満などをもとに新たに考えたアイデアを合わせて検討し，最終的に**図表10.6**のような16個のアイデアについて評価してもらうことにしました．その際，グループインタビューでの発言を参考にして次のような10種類の評価項目と3種類の総合評価項目を設定し，回答してもらうことにしました．

〈評価項目10種類〉

- 機能がよさそう
- 便利そう
- 使いやすそう
- 感触がよさそう
- 柔らかそう
- 軽そう
- 斬新だと思う
- 楽しく使えそう
- 汚れなさそう
- 長持ちしそう

〈総合評価項目3種類〉

- 使ってみたい
- 買いたい
- 自分に必要そう

図表10.5 グループインタビューでのアイデア評価のまとめ

商品アイデア	学生の意見	共通して出た意見	主婦の意見
CDケース（ポケット型）	保管用というよりは，学生間で貸し借りをする際に破損しないようにこのようなケースを使用したい．		音楽のCDなどを一時的に保管するために使用したい．
CDケース（ブック型）		CDのジャケットなどを一緒に入れられるようにして，インテリアとしても使えると良いという意見が双方から出た．	
ブックカバー	漫画や文庫本で使用するのには便利そう．		台所など油や水が跳ねる場所で料理本を見る際に着けておけるとうれしい．
携帯スピーカー	落としても壊れないようにショックの吸収力を高くしてほしい	自宅の風呂や台所で使うというよりはアウトドアで使える物のほうがよい．	汚れたときに丸洗いできると便利．
ドリンクホルダー（ペットボトル用）	保温効果を高めるためならキャップ部分まで被せるタイプでもよい．	袋のようになっているよりは，チャックが付いているほうがよい．また，水滴が溜まらないようにしてほしい．	子供が取り出しづらくなるためボトルの首元までにしてほしい．
ドリンクホルダー（缶用）		缶の蓋がきちんと閉まるのかが心配．	
弁当箱	弁当箱というよりはタッパーのような簡単なものがよい．また，開けやすくなければ使わない．	食べ物にゴムの臭いが移りそう．	弁当箱は壊れなければ買い換えることはない．それよりも，弁当箱を包む保温ゴムシートにしたほうがよいのではないか．
枕	中に入っているゴムビーズの感触次第では欲しくなるかも．	ゴムの擦れる音がしそう．	既存の低反発枕以上のものじゃないと買う気はしない．
ハンガー	洗濯紐に複数掛けたときに重さで中央に滑っていかないようならほしい．	もっとどこにでも掛けられるようなハンガーならほしい．	重い物を掛けると壊れそう．ゴム部分が劣化して悪くなりそう．
リラックスチェア（ハンモック型）	ゴムの反動で立ち上がりやすそう．	この形であれば折りたたみ式がよい．	立ち上がりにくそう．もう少しゴムっぽさが無いようにしてほしい．
リラックスチェア（ソファー型）	ゴムの反動で立ち上がりやすそう．		椅子の中のゴムビーズに偏りができそう．それなので何層かに区切ってはどうだろうか．
万能物つかみ		何に使うかわからない．農業用，工場用なら使えそう．	
植木鉢	吸水用の不織布はつけないでいい．		家の中で使うなら高級感のあるものがいい．割れないので安心して使えそう．

図表 10.6　ゴムを利用した 16 個のアイデア（一部）

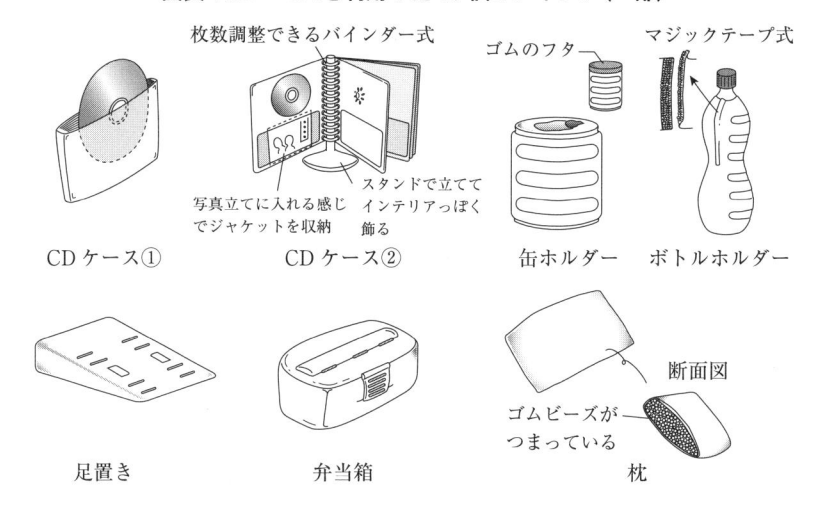

枚数調整できるバインダー式　　ゴムのフタ　　マジックテープ式

写真立てに入れる感じ　スタンドで立てて
でジャケットを収納　　インテリアっぽく
　　　　　　　　　　飾る

CD ケース①　　CD ケース②　　缶ホルダー　　ボトルホルダー

断面図

ゴムビーズが
つまっている

足置き　　弁当箱　　枕

　また，この 13 項目の他に各アイデアごとにそのアイデアのみに対応した独自の評価項目を 2 つ程度入れ，自由意見の回答欄も入れました．すべてが仮想商品のため，「〜そう」という推測の評価用語を多く用いました．

　次に，アイデア評価以外の一般的質問を設計しました．これに関しては **10.4 節**（グループインタビュー）で得た意見も参考にし，以下の 4 質問を中心にしました．

① ゴムに対するイメージ（5 段階評価）
② 趣味
③ 普段の買い物行動・流行に対する意識
④ アンケートへの自由意見

③については，以下の 20 項目に 5 段階で回答してもらいました．

- ショッピングをするのが好きだ．
- おしゃれな街を歩くのが好きだ．
- 好きなものは多少高くても買うほうだ．
- 生活雑貨に関心が高いほうだ．
- 新商品・新サービスを人より早く買ってみるほうだ．
- 分野にかかわらず商品・サービスやお店などをよく知っているほうだ．
- 分野にかかわらず商品・サービスについて人からよく質問されるほうだ．

- 自分が売れると思った商品・サービスが，実際売れることが多い．
- いろいろなメーカーの品質や機能の違いがわかることが多い．
- お買い得情報をよく知っている．
- 新商品・新サービスや新しいお店などを人より早く知っているほうだ．
- 商品・サービスに満足したら友人たちにそれを教えるほうだ．
- 分野にかかわらず商品・サービスに関して豊富な知識をもっているほうだ．
- 商品・サービスやお店などの情報の聞き役や相談役になるほうだ．
- 自分がだめだと思った商品・サービスが，実際売れないことが多い．
- 商品・サービスに不満があったら友人たちにそれを教えるほうだ．
- 一般に，いろいろなメーカーの商品を購入・体験したことがある．
- 世の中で売られている商品・サービスについて興味があるほうだ．
- 友人が商品・サービスを購入するときに，アドバイスできる知識をもっていることが多い．
- 商品・サービスについてこだわりがあるほうだ．

このアンケートは，性別・年齢層(20代，30代，40代)がほぼ均等になるよう調査会社・株式会社バルクに依頼し，Webアンケートにより2009年7月に400名分のデータを回収しました．プロファイルを図表10.7に示します．

(2) 調査結果

① ゴムに対するイメージ

グループインタビューでも出た，ゴムへのイメージを5段階評価で調査した結果，次のようなイメージをもっていることがわかりました(図表10.8)．

〈否定的なイメージ〉
- 劣化しやすい　・臭いがする　・熱に弱い

〈肯定的なイメージ〉
- よく伸びる　・すべらない　・水をはじく

この結果は概ね私たちの予想どおりでした．

図表 10.7　調査対象者の性別・年齢

〈男性〉
- 50代 25.0%
- 20代 25.0%
- 40代 25.0%
- 30代 25.0%

n=200

〈女性〉
- 50代 25.0%
- 20代 25.0%
- 40代 25.0%
- 30代 25.0%

n=200

図表 10.8　ゴムに対するイメージの平均点（n=400）

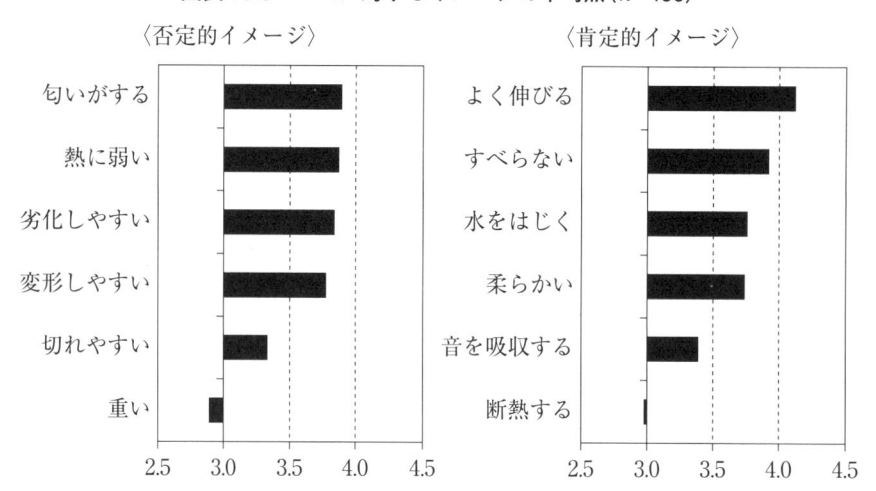

〈否定的イメージ〉
- 匂いがする
- 熱に弱い
- 劣化しやすい
- 変形しやすい
- 切れやすい
- 重い

〈肯定的イメージ〉
- よく伸びる
- すべらない
- 水をはじく
- 柔らかい
- 音を吸収する
- 断熱する

② 各アイデアに対する評価

評価の平均点を図表 10.9 のようにスネークプロットにまとめました．

総合評価「買いたい」と「必要がありそう」はよく似た点数で「使ってみたい」はそれらより高い傾向があります．使ってはみたいが（多分，それほど必要と感じないため）買いたいとは思わないというアイデアが多いことがわかります．健闘したのは「ドリンクホルダー」で，ほぼすべての項目で最高に近い平均点を得ています．逆にCDケースは斬新さはありますが，必要性を感じていないようで，最低の総合評価でした．また，「汚れなさそう」「長持ちしそ

図表 10.9 スネークプロット（一部）

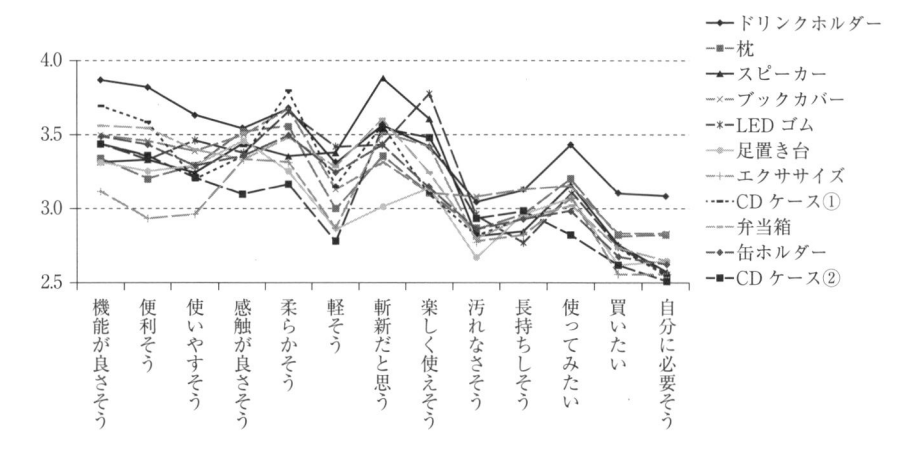

凡例: ドリンクホルダー、枕、スピーカー、ブックカバー、LED ゴム、足置き台、エクササイズ、CD ケース①、弁当箱、缶ホルダー、CD ケース②

横軸項目：機能が良さそう／便利そう／使いやすそう／感触が良さそう／柔らかそう／軽そう／斬新だと思う／楽しく使えそう／汚れなさそう／長持ちしそう／使ってみたい／買いたい／自分に必要そう

う」という項目はすべてのアイデアで他の項目に比べると低くなっていることがわかります．これは**図表 10.8**のゴムのイメージでも上位に来ていた「劣化しやすい」というイメージからこのような評価になったのではないかと考えられます．このグラフはアイデア数が多く見にくいため，斬新さで高い評価を受けた「スピーカー」と機能性で高い評価を受けた「ドリンクホルダー」「楽しく使えそう」で高い評価を受けた「LED ゴム」の 3 つに絞り**図表 10.10**を作成しました．機能性が高いドリンクホルダーが総合評価の部分でも高く評価されていることがわかります．また，斬新さや楽しさのあるアイデアは使ってみたいとは思うが買いたいとはあまり思わないことが改めて理解できました．

なお，以上のような傾向は性別・年齢で区分した層別の分析を行っても大きな差はなく，別の基準による層別の必要性を強く感じることになりました．

(3) クラスター分析

次に「買い物行動・流行に対する意識」についての質問の結果を利用して回答者に対するクラスター分析を行いました．

最初に 20 項目ある質問を系統的に集約するため，因子分析を行った結果が**図表 10.11**です．この固有値を見ると最低 3 因子でよい（1.0 以上が 3 つある）ことがわかりますが，3 因子では多数の項目が一つの因子に集まり過ぎて解釈

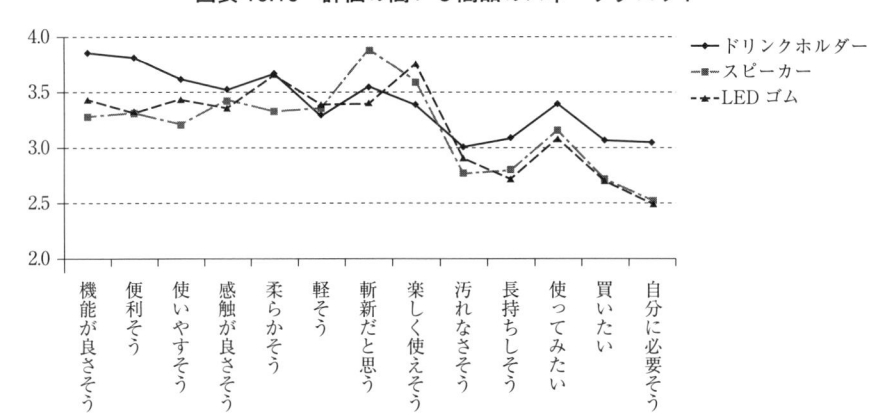

図表 10.10　評価の高い 3 商品のスネークプロット

凡例：ドリンクホルダー、スピーカー、LED ゴム

横軸項目：機能が良さそう／便利そう／使いやすそう／感触が良さそう／柔らかそう／軽そう／斬新だと思う／楽しく使えそう／汚れなさそう／長持ちしそう／使ってみたい／買いたい／自分に必要そう

しにくいため，5因子まで採用しました．因子負荷量が 0.5 以上の項目をピックアップして，以下のようなわかりやすい因子に表現することができました．

- 因子 1：新しいものへの関心
- 因子 2：お洒落への感度
- 因子 3：商品情報のコミュニケーション
- 因子 4：商品への関心
- 因子 5：商品良否への感覚

次に因子得点によるクラスター分析を行い，回答者のクラスター（グループ）分けを行いました．元のデータ（20 項目）で分析してもかまいませんが，集約された因子得点で実施したほうが後の各クラスターの解釈がつけやすいというメリットがあります．

図表 10.12 のデンドログラム（樹形図）を用いて 7 クラスターに分け，各クラスターがどのような特徴なのか把握するために，因子得点の平均値で**図表 10.13** の折れ線グラフをつくりました．因子得点は平均 0，標準偏差 1 になっていますので，0.5 でも平均値としてはけっこう高い値といえます．

これにより各クラスターの特徴を以下のように解釈しました．

- クラスター 1（94 名）：新しいもの好き
- クラスター 2（71 名）：流行に興味がある
- クラスター 3（54 名）：売れ筋が読める

図表 10.11　買い物行動・流行の因子分析結果

〈固有値・寄与率〉

	固有値	寄与率	累積寄与率
因子1	10.470	0.523	0.523
因子2	1.676	0.084	0.607
因子3	1.043	0.052	0.659
因子4	0.891	0.045	0.704
因子5	0.722	0.036	0.740

〈因子負荷量〉

質問項目	因子1	因子2	因子3	因子4	因子5
ショッピングをするのが好きだ	0.110	0.814	0.174	0.068	0.051
おしゃれな街を歩くのが好きだ	0.208	0.728	0.162	0.045	0.079
好きなものは多少高くても買うほうだ	0.219	0.336	0.042	0.303	0.273
生活雑貨に関心が高いほうだ	0.224	0.634	0.057	0.251	0.132
新商品を人より早く買ってみるほうだ	0.621	0.423	0.103	0.239	0.005
商品やお店などをよく知っている	0.762	0.333	0.101	0.126	0.182
商品について人からよく質問される	0.754	0.191	0.205	0.119	0.275
自分が売れると思った商品が売れることが多い	0.481	0.187	0.255	0.217	0.562
品質や機能の違いがわかる	0.629	0.081	0.175	0.348	0.322
お買い得情報をよく知っている	0.642	0.230	0.193	0.167	0.244
新商品を人より早く知っている	0.801	0.296	0.140	0.176	0.115
商品に満足したら友人に教える	0.384	0.278	0.516	0.211	0.162
商品に関して豊富な知識をもっている	0.773	0.115	0.220	0.259	0.203
商品の情報の聞き役や相談役になる	0.668	0.157	0.330	0.145	0.190
自分がだめだと思った商品が売れないことが多い	0.393	0.143	0.356	0.191	0.550
商品に不満があったら友人たちにそれを教える	0.240	0.192	0.791	0.120	0.187
いろいろなメーカーの商品を購入したことがある	0.563	0.174	0.382	0.320	0.052
商品について興味があるほうだ	0.349	0.330	0.282	0.523	0.069
友人が商品を購入するときに助言できる	0.677	0.140	0.364	0.325	0.234
商品についてこだわりがあるほうだ	0.362	0.184	0.190	0.602	0.296

第10章 事例「ゴムを利用した生活雑貨の企画」

図表10.12 デンドログラム

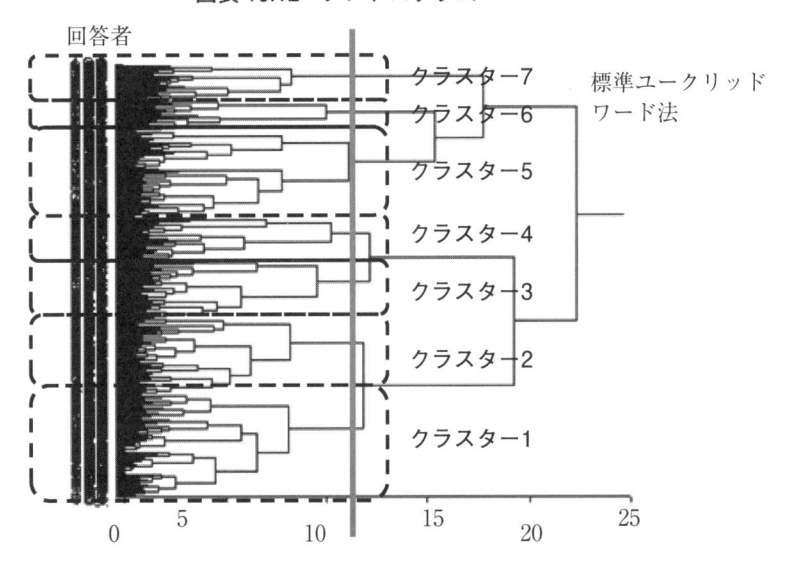

回答者

クラスター7
クラスター6
クラスター5
クラスター4
クラスター3
クラスター2
クラスター1

標準ユークリッド
ワード法

0　　5　　10　　15　　20　　25

図表10.13 クラスターの意味づけ（因子得点平均値）

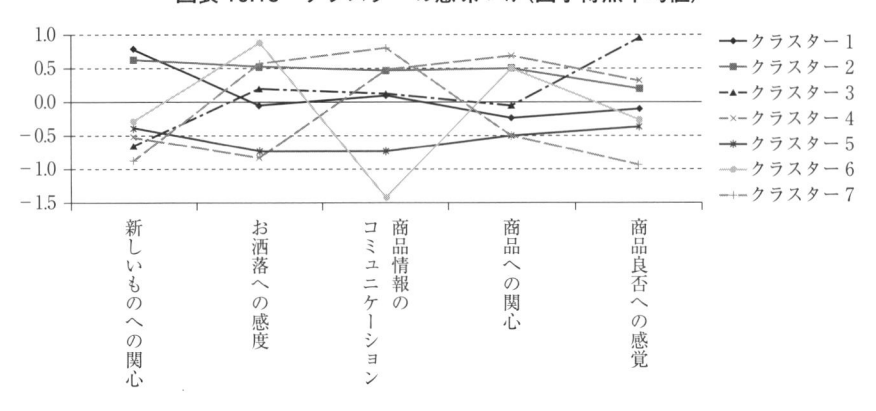

→ クラスター1
→ クラスター2
→ クラスター3
→ クラスター4
→ クラスター5
→ クラスター6
→ クラスター7

新しいものへの関心
お洒落への感度
商品情報のコミュニケーション
商品への関心
商品良否への感覚

- クラスター4(40名)：商品に関心がある
- クラスター5(79名)：買い物に無関心
- クラスター6(28名)：買い物好き
- クラスター7(34名)：口コミ好き

図表 10.14　ドリンクホルダーのクラスター別評価

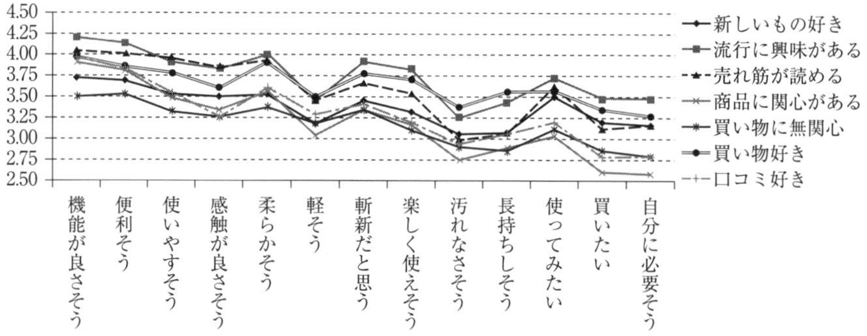

（4）買い物行動を用いた分析

　前項で分けたクラスターごとに各商品の評価項目の平均点を求めて図表 10.14 のようなスネークプロットを作成しました．これを見るとわかるようにクラスターごとの平均点の上下の変化の形には大きな違いはありませんが，最も高い評価をするクラスターと最も低い評価をするクラスターでは 0.7 から 1 程度も（大幅に！）評価が違うことがわかりました．最も重要な「買いたい」で比較すると，全体での平均値が 3.1 であるのに対して，3 つのクラスターでは明らかに 3.1 を越えていて，評価が高い（特に第 2 クラスター（流行に興味）では約 3.5 とかなり高い）といえます．

　また，この傾向はドリンクホルダー以外でも同様に現れることがわかりました．いずれのケースでもクラスター 2（流行に興味がある）が高い評価点を示していることもわかりました．なお，クラスター分析の結果は次のポジショニング分析でも存分に活用します．

10.6　ポジショニング分析

　消費者の評価の構造を探り，理想方向にあるアイデアを求めるため，ポジショニング分析を行いました．3 種類にアイデアを絞り込み，購入への各因子の影響度から，最も重要な因子は「機能性」であることがわかりました．

(1) 全体のポジショニング分析

最初に，各アイデアに対する評価点をもとに**図表 10.15** のように因子分析を行いました．明快に意味づけできるように，因子数はやや多めにしてあります．因子負荷量が 0.5 以上の項目から，各因子を以下のように命名しました．

- 因子1：機能性
- 因子2：耐久性
- 因子3：柔らかさ・感触の良さ
- 因子4：斬新さ・楽しさ

総合評価「買いたい」に対する重要度は，

　　因子1：因子2：因子3：因子4 = 5：3：2：4

図表 10.15　評価項目の因子分析結果

〈固有値・寄与率〉

	固有値	寄与率	累積寄与率
因子1	6.005	0.601	0.601
因子2	0.975	0.098	0.698
因子3	0.774	0.077	0.775
因子4	0.615	0.061	0.837

〈因子負荷量〉

変数名	共通性	独自性	因子1	因子2	因子3	因子4
機能が良さそう	0.815	0.185	0.772	0.234	0.266	0.306
便利そう	0.909	0.091	0.854	0.241	0.238	0.255
使いやすそう	0.816	0.184	0.760	0.278	0.305	0.261
感触が良さそう	0.666	0.334	0.437	0.235	0.546	0.350
柔らかそう	0.969	0.031	0.271	0.161	0.898	0.251
軽そう	0.401	0.599	0.273	0.300	0.404	0.270
斬新だと思う	0.631	0.369	0.289	0.212	0.280	0.652
楽しく使えそう	0.752	0.248	0.386	0.297	0.302	0.652
汚れなさそう	0.867	0.133	0.174	0.884	0.153	0.178
長持ちしそう	0.619	0.381	0.304	0.671	0.182	0.209

10.6 ポジショニング分析

図表 10.16　全体のポジショニングマップ

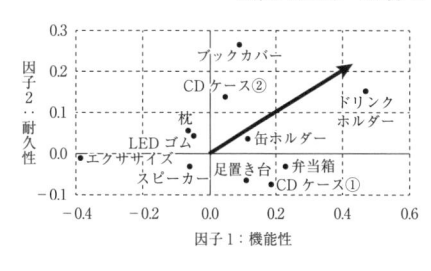

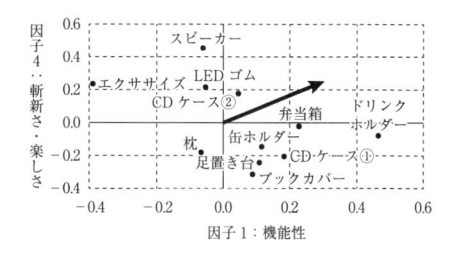

となりました（総合評価を目的変数，4因子の得点を説明変数とする重回帰分析の回帰係数から）．第1因子（機能性）と第4因子（斬新さ）に対するウェイトが高いことが判明しました．

つまり，「役に立って」「ユニークまたは楽しい」案は評価が高くなりやすい，さらに「長く使えて」「ソフトなタッチ」ならなお最高ということです．

この結果をもとに**図表 10.16** のポジショニングマップを作成しました．まず因子1と因子2のマップを見るとドリンクホルダーが理想ベクトルの方向にあり，ブックカバーや CD ケース②も比較的良い位置にあることがわかります．また，重要度の高いどうしを組み合わせた因子1と因子4のマップを見ると，機能性と斬新さ・楽しさを両立した（完璧な）アイデアはないことがわかります．しかし，機能性のみ高いアイデア，斬新さのみ高いアイデアはあるので，それらは工夫次第ではさらに評価を上げることができると考えられます．例えば，ドリンクホルダーはユニークさや可愛さをアップさせる，スピーカーはもっと使いやすそうなものにする，などです．

(2)　層別でのポジショニング分析

次に，性別やクラスターを用いて回答者を層別してポジショニングマップを作成しました．**図表 10.17** は性別で分けたマップですが，これを見ると女性のほうが男性よりも全体的に点が右上に（理想ベクトルの方向に）位置し，各アイデアに対して良い評価をしていることがわかります．

図表 10.18 はクラスターで分けたポジショニングマップのうち，最も反応の良かったクラスター2，つまり「流行に関心がある」クラスターのポジショニングマップです．これを見ると全体のポジショニングマップと一目瞭然で評価

図表 10.17　性別で分けたポジショニングマップ

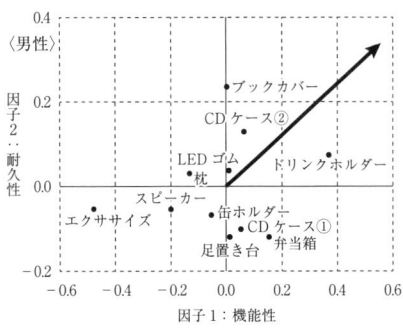

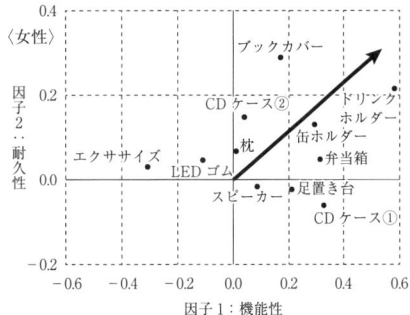

図表 10.18　クラスター 2 のポジショニングマップ

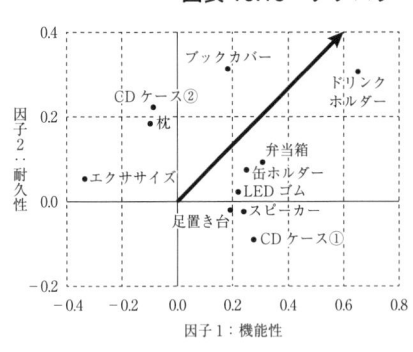

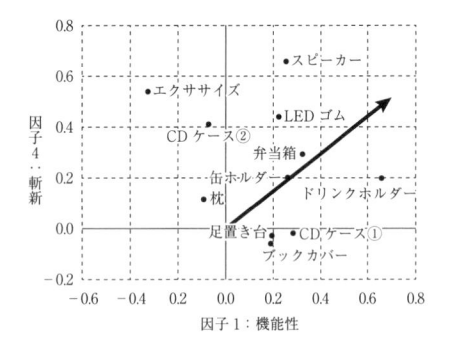

が違うことがわかります．例えば，因子1と4のマップは全体の結果ではほとんど理想ベクトルの方向には点がありませんでしたが，クラスター2の結果ではスピーカーやドリンクホルダーなどが明らかに右上方向にあります．

これらポジショニングマップの分析結果から，

① 　ドリンクホルダー
② 　スピーカー
③ 　ブックカバー

の3商品であれば，ヒット商品になりうるのではないかと考えました．その他の商品にも若干有力なものはありましたが，類似商品とゴムで差別化しにくいなどの理由で最終段階には進めませんでした．

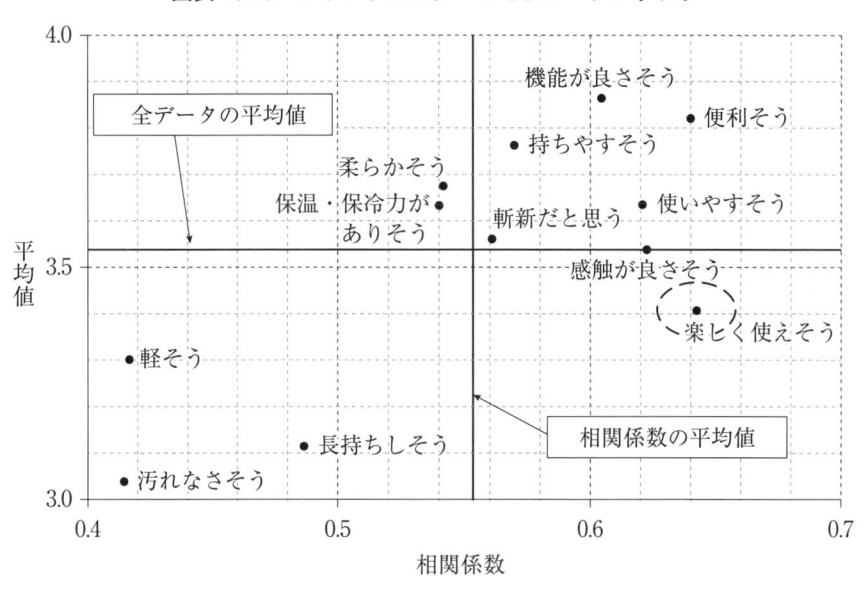

図表 10.19 ドリンクホルダーの CS ポートフォリオ

（3） 追加の分析（CS ポートフォリオ）

　選ばれたアイデアをさらに改良するために CS ポートフォリオ分析を行いました．最も総合評価の良かった「ドリンクホルダー」についての CS ポートフォリオが**図表 10.19** です．

　「楽しく使えそう」を改良することにより評価が上がることがわかりました．アイデアを加えて，楽しさのある商品に仕上げることが必要となります．

10.7　コンジョイント分析

　いよいよ最終段階です．3 種類の商品の企画提案を完成させることとなり，コンジョイント分析も 3 通り行いましたが，紙数の都合上，今回は「ドリンクホルダー」についてのコンジョイント分析のみを紹介します．

（1） 調査票の作成

　まず，ポジショニング分析，CS ポートフォリオなどからドリンクホルダー

にはもっと楽しさ感が必要であり，どのようなデザインや機能を加えたらよいか，アイデアをいくつか挙げました．それらをまとめた結果，図表10.20のような4種類の属性について各2～3水準のレベルを設定しました．

当初狙った最適水準は以下の①～④の組合せです．

① 留め方：マジックテープまたはマグネットで開閉しやすくする
② 外観：全体または頭部にキャラクターデザインの着ぐるみ型を採用
③ 保温性：保温力を強化(魔法瓶を使わずに半日は温冷状態をキープ)
④ 結露対策：吸水素材を入れて結露に対処

3水準が2つ，2水準が2つあるので，L_9，L_{16}，L_{18}の各直交表の活用が可能ですが，他の2商品にはすべて4水準があったためL_{16}を採用し，それに合わせる形でL_{16}直交表を用いました．16通りのサンプル(図表10.21)を作成し，

図表10.20　ドリンクホルダーの属性・水準の表

項　目	アイデア		
	マジックテープ	マグネット	なし
留め方	(ウラ)	(ウラ)	✗
	全体がキャラクターのデザインになっている	頭の部分のみキャラクターのデザインとなっている	なし
デザイン			
構造	厚くて保冷・保温力の強い構造 ※ただし多少重くなります	薄くて軽い構造 ※ただし保冷・保温力は多少落ちます	
吸水材	結露で発生した水を吸収するための吸水材が内側についている	内側に給水材がついていない	

注) 一般の回答者のわかりやすさのために，属性を「項目」，水準を「アイデア」と表記しています．

10.7 コンジョイント分析

図表 10.21　16通りの全一覧表

カードNo.	留め方	着ぐるみ型ホルダー	構造	吸水素材が内側にあるか
1	マジックテープ	全体がキャラクター	厚くて保冷力のあるもの（しかし重くなる）	あり
2	マジックテープ	頭部のみがキャラクター	厚くて保冷力のあるもの（しかし重くなる）	なし
3	マジックテープ	なし	薄くて軽い（保冷力は弱くなる）	あり
4	マジックテープ	なし	薄くて軽い（保冷力は弱くなる）	なし
5	マグネット	全体がキャラクター	薄くて軽い（保冷力は弱くなる）	あり
6	マグネット	頭部のみがキャラクター	薄くて軽い（保冷力は弱くなる）	なし
7	マグネット	なし	厚くて保冷力のあるもの（しかし重くなる）	あり
8	マグネット	なし	厚くて保冷力のあるもの（しかし重くなる）	なし
9	なし	全体がキャラクター	薄くて軽い（保冷力は弱くなる）	なし
10	なし	頭部のみがキャラクター	薄くて軽い（保冷力は弱くなる）	あり
11	なし	なし	厚くて保冷力のあるもの（しかし重くなる）	なし
12	なし	なし	厚くて保冷力のあるもの（しかし重くなる）	あり
13	なし	全体がキャラクター	厚くて保冷力のあるもの（しかし重くなる）	なし
14	なし	頭部のみがキャラクター	厚くて保冷力のあるもの（しかし重くなる）	あり
15	なし	なし	薄くて軽い（保冷力は弱くなる）	なし
16	なし	なし	薄くて軽い（保冷力は弱くなる）	あり

図表 10.22 サンプルとして提示した組合せ案の例

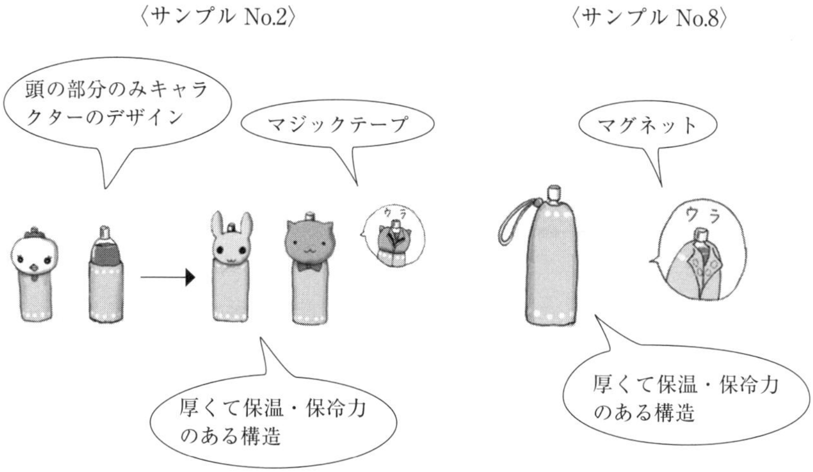

〈サンプル No.2〉　　　　　　　　〈サンプル No.8〉

　図表 10.22 の例のような組合せで回答者に提示しました．各サンプルに対し，やや細かく 9 段階(1～9 点)で購入意向を回答してもらいました．

　また，アンケートには 16 通りのサンプルの他に「現在あるドリンクホルダーに対する不満」や「保冷・保温力はどの程度あれば良いか」「普段どのサイズのペットボトルを購入するか」なども質問することにより，コンジョイント分析で支持を得たアイデアの細部を補うことができるようにしました．

　アンケートの回答者は調査会社・株式会社バルクのモニターから，

- 20 代・30 代・40 代／男女同数
- 職業に関しては制限なし

の基本条件で選抜した 1 万人に対して予備調査を行い，

- 外出時に 350～500ml のペットボトル飲料を飲む人
- 外出が多い人(平日 1 時間以上外出する)

に該当する回答者を 210 名抽出し，本調査を実施することにしました．

(2) 一般的調査結果

　男女を半数ずつとし，年齢は 20 代，30 代，40 代にそれぞれ同数ずつ割り当

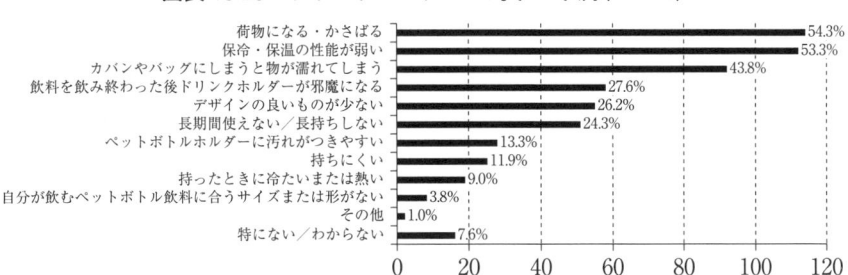

図表 10.23　ドリンクホルダーに対する不満(n=210)

- 荷物になる・かさばる　54.3%
- 保冷・保温の性能が弱い　53.3%
- カバンやバッグにしまうと物が濡れてしまう　43.8%
- 飲料を飲み終わった後ドリンクホルダーが邪魔になる　27.6%
- デザインの良いものが少ない　26.2%
- 長期間使えない／長持ちしない　24.3%
- ペットボトルホルダーに汚れがつきやすい　13.3%
- 持ちにくい　11.9%
- 持ったときに冷たいまたは熱い　9.0%
- 自分が飲むペットボトル飲料に合うサイズまたは形がない　3.8%
- その他　1.0%
- 特にない／わからない　7.6%

図表 10.24　どの程度保温保冷できるとよいか(n=210)

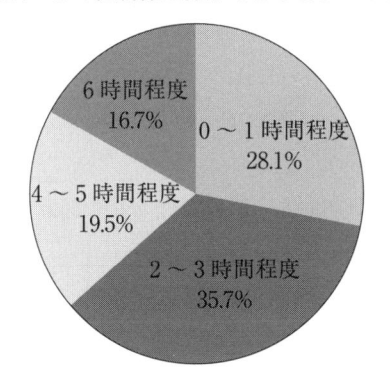

- 0〜1時間程度　28.1%
- 2〜3時間程度　35.7%
- 4〜5時間程度　19.5%
- 6時間程度　16.7%

てました．

　ドリンクホルダー(現在ある布製などの商品)に対する不満を質問したところ「荷物になる」や「保冷・保温力が低い」「鞄にしまうと物が濡れる」という不満が多いことがわかりました(**図表 10.23**)．さらに，どのくらい保温・保冷できるとよいかという質問に対し，3時間以下であれば60%以上の人が満足するという結果が出ました(**図表 10.24**)．これはゴムの特性上，「そう厚くしなくとも実現できるレベル」といえます．

(3)　コンジョイント分析の結果

　図表 10.25のような結果になりました．これを見ると私たちが「最も評価が良くなる」と思っていた「着ぐるみ型ホルダー」はないほうが良いという，残念な結果が出ました．その他の項目では吸水素材はあるほうが良く，留め方，

図表 10.25 コンジョイント分析の結果(n=210)

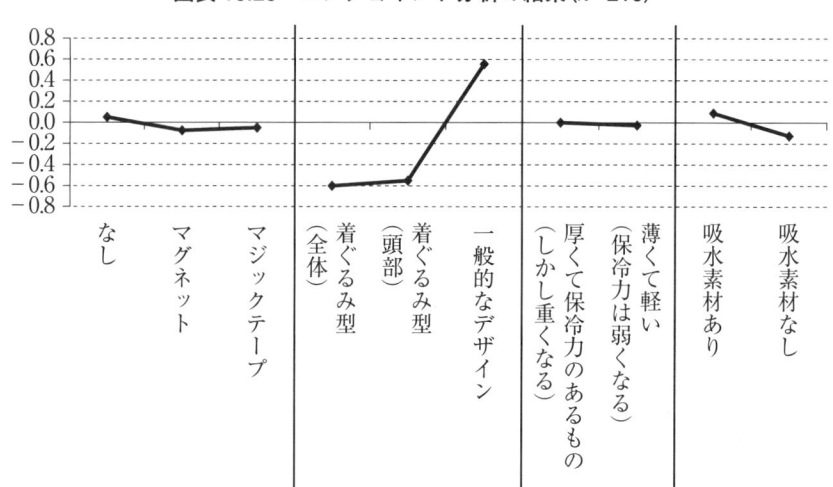

図表 10.26 層別コンジョイント分析の結果(20 代女性)

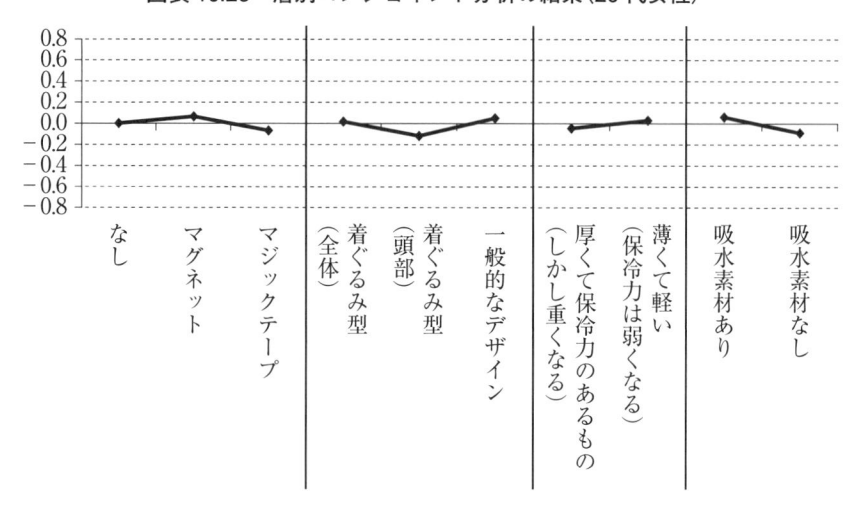

構造に関してはどれでも良いという結果になりました．
　また，総合評価(購入意向)の平均値が 9 段階で 5.12 であり，すべて評価の良い水準(最適水準)を選択すると 5.84(5 段階換算で 3.4 程度)で，まあまあとなることがわかりましたが，思ったほどの良い結果ではありません．
　次に性別，年齢層ごとに分析をした結果，20 代女性に関しては着ぐるみホ

ルダーでも良いと思っていて(図表10.26)，総合評価の平均値は5.10(5段階換算で3.05)，最適水準では5.23(5段階換算で3.12)と，まあまあの値です．一方，男性はどの年齢層でも着ぐるみホルダーに強い抵抗感があり，大筋に全体との違いはありませんでした．

(4) クラスター分析

次にクラスター分析を行いましたが，このアンケートでは買い物行動のような質問は行いませんでしたので，総合評価項目でクラスター分析を行い，**図表10.27**のデンドログラムをもとに3つのクラスターに分け，各クラスターについて各組合せの総合評価平均点を求めた結果(図表10.28)，以下のような特徴のクラスターであることがわかりました．

- クラスター1：全体的に低評価をしているクラスター
- クラスター2：着ぐるみ型が大嫌いなクラスター
- クラスター3：全体的に高評価をしているクラスター

クラスター1と3には明確な傾向がありましたが，クラスター2については組合せ表を見ると，評価が低い部分にすべて着ぐるみホルダーが入っていることに気づきました．また，クラスター1は女性が多くクラスター2は男性が多

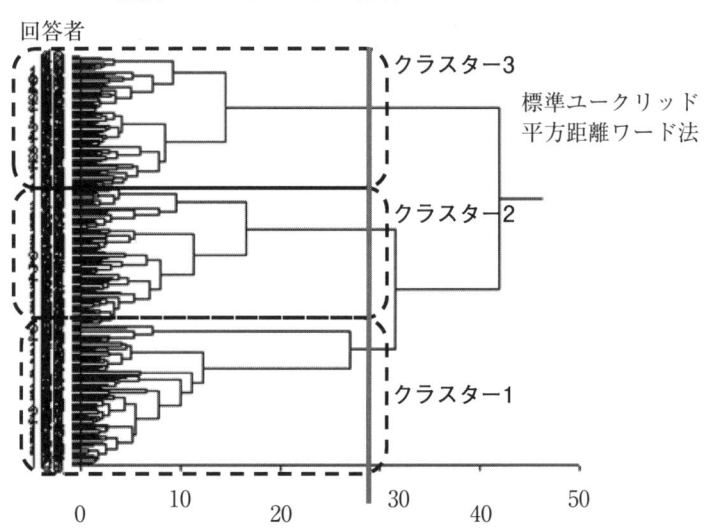

図表10.27　クラスター分析のデンドログラム

図表 10.28　各クラスターの人数と総合評価平均値

	クラスター1 (72 人)	クラスター2 (71 人)	クラスター3 (67 人)
サンプル 1	4.69	2.89	6.30
サンプル 2	4.46	2.99	6.34
サンプル 3	4.56	5.97	6.85
サンプル 4	4.14	5.69	6.61
サンプル 5	4.68	2.87	6.18
サンプル 6	4.43	2.89	6.24
サンプル 7	4.47	5.90	6.78
サンプル 8	4.24	5.68	6.70
サンプル 9	4.56	2.80	6.16
サンプル 10	4.60	3.00	6.34
サンプル 11	4.28	5.92	6.58
サンプル 12	4.64	6.30	6.91
サンプル 13	4.82	2.79	6.09
サンプル 14	4.74	2.97	6.49
サンプル 15	4.08	6.10	6.46
サンプル 16	4.60	6.49	6.88
平均値	4.50	4.45	6.50

注）　クラスター2で極端に値の低いサンプルは着ぐるみ型です．

くなっており，クラスター3はほぼ男女半々となっていました．年齢などに際だった特徴は見当たりませんでした．

　評価の高いクラスター3のみでコンジョイント分析を行ったところ図表10.29のようになり，平均値が9段階で6.50，最適水準での組合せで6.88となり，5段階換算でほぼ4という好結果となりました．これは全体の推定値を大きく上回ります．クラスター3はよく外出し，ペットボトル飲料を飲む人210名中の67名(31.9%)を占めますから，かなりの需要が望める結果です．

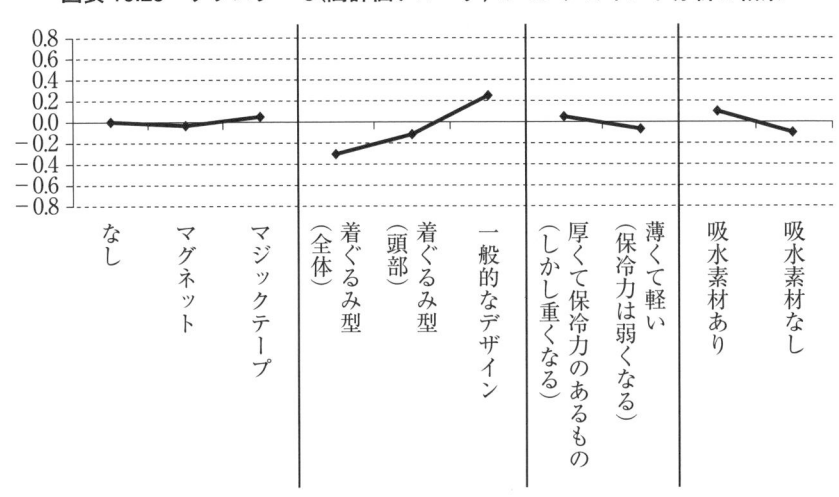

図表 10.29　クラスター 3（高評価グループ）のコンジョイント分析の結果

（縦軸：−0.8〜0.8）
なし　／　マグネット　／　マジックテープ　／　着ぐるみ型（全体）　／　着ぐるみ型（頭部）　／　一般的なデザイン　／　厚くて保冷力のあるもの（しかし重くなる）　／　薄くて軽い（保冷力は弱くなる）　／　吸水素材あり　／　吸水素材なし

10.8　事例のまとめ

(1)　最終コンセプト

　最終的な提案コンセプトは**図表 10.30**のようになりました．主な対象はクラスター3ですが，購入者は性別・年齢を問わず幅広く分布すると考えられます．なお，口元の留め方については他の方法でも評価はさほど変わらないためコストなどを考えて判断しても大丈夫といえます．また，構造についてもどちらでも良い結果となっているため，一般質問でわかった「3時間程度の保温力・保冷力」がある構造にするのがベストだと考えられます．

(2)　まとめ

① B to B 産業，生産財メーカーが自らエンドユーザーにアプローチすることは可能であり，極めて有効な方法であることが理解できました．本格的な企画が初めての会社でも，十分に実行可能です．

② 産学協同商品企画により，メーカー側の技術力と学生のパワー・発想力・分析力を存分に活かすことができました．

③ Neo P7 の仮説発掘法，アイデア発想法を使って新たな仮説を大量に

図表 10.30　最終コンセプト

（マジックテープ）
（ウラ）
（内側に吸水材で結露防止）
（薄くて軽い構造）

- 新発想・ゴム製で半日しっかり保冷／保温．どこでもおいしいドリンクを飲めます．
- 魔法瓶タイプとは比較にならない軽さです．
- 冷たいドリンクを入れても吸水材により水滴がつきません．バッグ内も安心です．
- マジックテープでサッと開閉．ボトルの出し入れがとても簡単です．

得ることができ，企画をスムーズに進行させることができました．

④　ポジショニング分析，コンジョイント分析などの定量分析プロセスにより客観的な絞り込みと方向づけが可能となり，確実な（経験や勘に頼らない）商品企画ができました．

⑤　反面，今回のテーマは漠然としていたため，もう少し絞り込んで（例えば文具とか PC 関係などで）深く考察すべきでした．良好なアイデア（ドリンクホルダー，スピーカー，ブックカバー）が異なるカテゴリーで残ったため，調査時にはなかなか苦労しました．

第11章

分析ソフト「P7かんたんプランナー」

11.1 「P7かんたんプランナー」とは

(1) 概　要

　お読みいただいたように，Neo P7にはいくつかの定量的分析手法があり，これらをサクサクと使っていただくのは容易なことではありません．

　特に後半のアンケート調査・ポジショニング分析・コンジョイント分析では，次の手法を活用します（［　］内は必須ではありません）．

- アンケート調査：相関分析［クラスター分析，数量化Ⅲ類］
- ポジショニング分析：因子分析，重回帰分析
- コンジョイント分析：数量化Ⅰ類

　一般的なビジネスソフトにはこれらは組み込まれていませんし，すべてを含む統計パッケージはあっても高額であったり，初心者には使いこなせなかったりします．また，拙著『ヒットを生む商品企画七つ道具 すぐできる編』[12]で解説したPLANPARTNERは都合で販売中止になっています．

　そこで，公開されている世界的な統計フリーウェアの体系「R」を用いたP7用ソフトウェアを2009年に発表[24]しましたが，さらにそれらを使いやすいメニュー形式で活用できる「Rコマンダー」に組み込んだものを用意しました．これが「P7かんたんプランナー」です．P7を無償で，まさに簡単に使いこなせます．

第Ⅳ部　Neo P7補講

(2) ダウンロードの方法

P7かんたんプランナーは，下記サイトから使用説明書とともにダウンロードできます．今後改良していきますので，本書には詳細を記載せず，ダウンロードファイル中のマニュアルにて最新情報をとってください．

- 神田研究室HP　　　http://www.kan-semi.com/
- 日科技連出版社　　　http://www.juse-p.co.jp/

P7かんたんプランナーはRというフリーウェア（無料）を用いて開発されていますが，そのベースになっているR自体もこのダウンロードファイルの中に組み込まれていますので，使用者は一体型パッケージのように使うことができます．ただし，Rというシステムに若干の理解と慣れが必要です．

(3) P7用のRソフトについて

近年，日本でも「R」関連の解説書が多数出版されており，自分で簡単にプログラムを作成して自分の目的に即した統計解析ができるようになってきました．しかし，それでも専門外の商品企画者が自前でポジショニング分析やコンジョイント分析のソフトを作成するのはかなり困難です．統計専門ソフトやExcel用解析ソフトも発売されていますが，P7に完全に対応するのは困難です．そこで，2009年，RによるP7ソフトウェアとその解説書[15]を公開し（神田研究室の大学院生池畑政志氏が開発），いくつかのP7セミナーで活用してきました．その後さらに改良を進め，メニュー形式で実行ができる「Rコマンダー」にこれらの解析を組み込み，内容を強化して高度な一般的使用にも耐えるものにしました（法政大学・中瀬古渉氏が開発）．

11.2　P7かんたんプランナーの内容

データをExcelで入力し，CVS形式で保存すれば，選択メニューから，①スネークプロット，②CSポートフォリオ，③クラスター分析，④数量化Ⅲ類，⑤ポジショニング分析，⑥コンジョイント分析を実行することができます[1]．

11.2　P7 かんたんプランナーの内容

(1)　スネークプロット

〈メニュー〉

スネークプロットのメニュー画面は**図表 11.1** のとおりです．基本的には評価項目，総合評価項目，対象商品名を指定するだけです．層別の分析も可能です．

図表 11.1　スネークプロットのメニュー

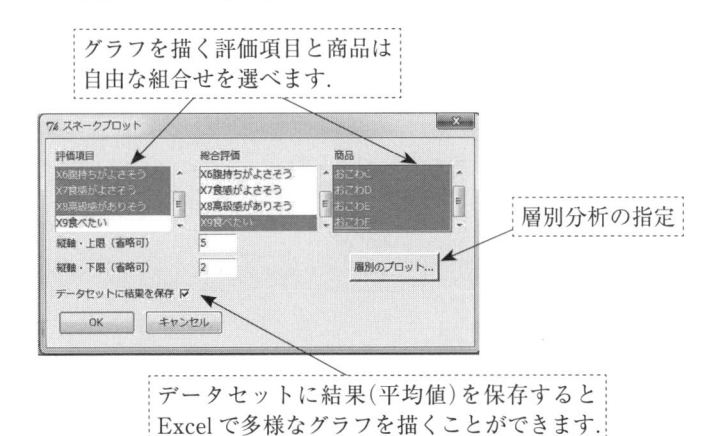

> グラフを描く評価項目と商品は自由な組合せを選べます．

> 層別分析の指定

> データセットに結果（平均値）を保存すると Excel で多様なグラフを描くことができます．

〈結果〉

スネークプロットの出力結果は**図表 11.2** のとおりです．

図表 11.2　スネークプロットの結果の例

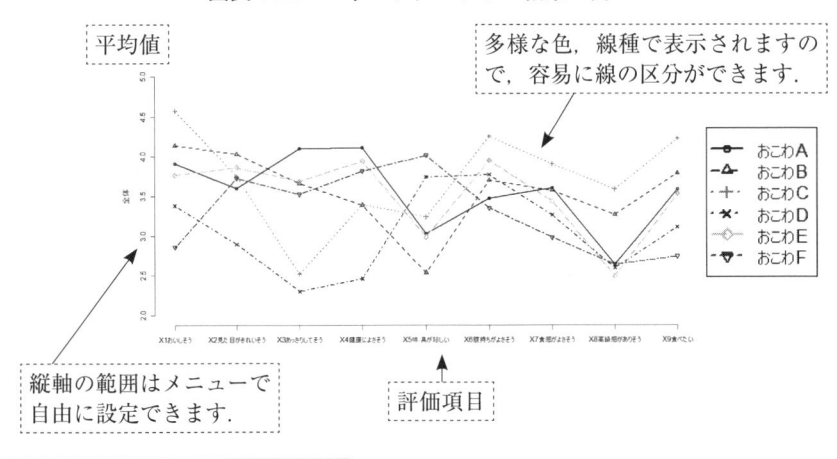

> 平均値

> 多様な色，線種で表示されますので，容易に線の区分ができます．

> 縦軸の範囲はメニューで自由に設定できます．

> 評価項目

---

1)　③クラスター分析は，R コマンダーの「統計量」⇒「次元解析」⇒「クラスター分析」で実行でき，④数量化Ⅲ類は「P7 メニュー」のなかにありますが，ここでは説明を省きます．

(2) CS ポートフォリオ

〈メニュー〉

CS ポートフォリオのメニュー画面は**図表 11.3** のとおりです．基本的には評価項目，総合評価項目，対象商品名を指定するだけです．

図表 11.3　CS ポートフォリオのメニュー

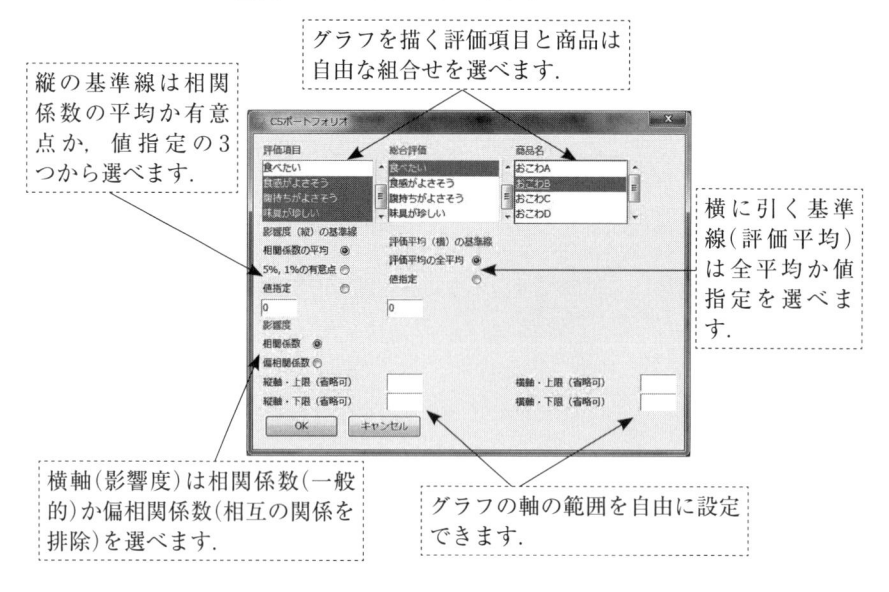

縦の基準線は相関係数の平均か有意点か，値指定の3つから選べます．

グラフを描く評価項目と商品は自由な組合せを選べます．

横に引く基準線（評価平均）は全平均か値指定を選べます．

横軸（影響度）は相関係数（一般的）か偏相関係数（相互の関係を排除）を選べます．

グラフの軸の範囲を自由に設定できます．

〈結果〉

P7 かんたんプランナーでの出力例は，**図表 11.4** のとおりです．

図表 11.4　CS ポートフォリオの結果の例

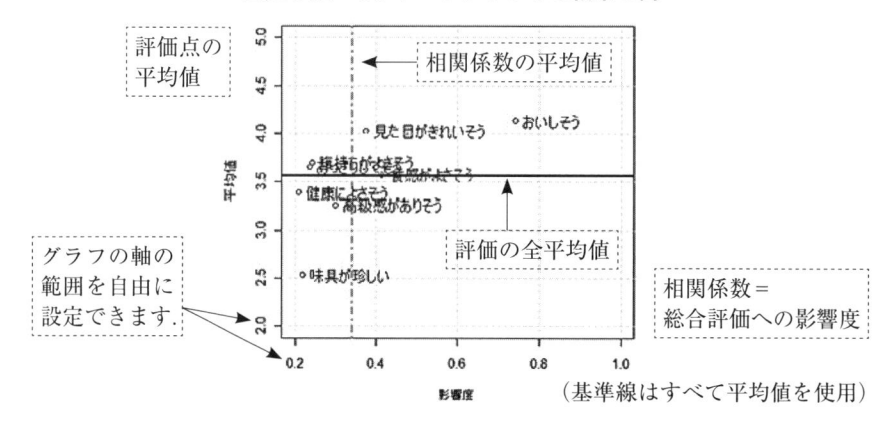

評価点の平均値

相関係数の平均値

評価の全平均値

グラフの軸の範囲を自由に設定できます．

相関係数＝総合評価への影響度

（基準線はすべて平均値を使用）

(3) ポジショニング分析

分析ステップは以下の2段階に分かれます．①を実施して因子数を決めてから②に移ってください．

① 因子数の決定（スクリープロット）
② 因子分析 ⇒ 重回帰分析でポジショニングマップ作成

① 因子数の決定（スクリープロット）

スクリープロットは因子分析の各因子のばらつき量（分散）を表す固有値のグラフで，大体1.0を基準にして，使う因子数を決めるためのものです．
〈メニュー〉
評価項目のみを指定します（総合評価は入れません）（**図表11.5**）．

図表11.5　スクリープロットのメニュー

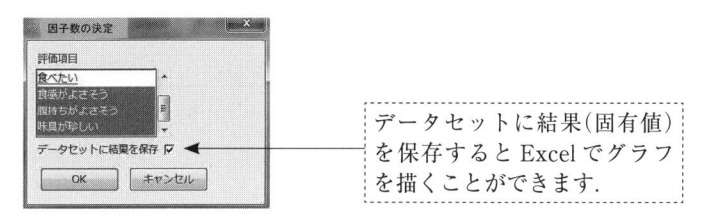

データセットに結果（固有値）を保存するとExcelでグラフを描くことができます．

〈結果〉

P7 かんたんプランナーでの出力例は，**図表 11.6** のとおりです．

図表 11.6　スクリープロットの結果の例

（固有値／因子／1.0 前後を基準として因子数を決めます．）

② ポジショニングマップ作成

〈メニュー〉

基本的には評価項目（総合評価を入れない），総合評価項目（1つ），商品名の入った変数，因子数を指定するだけです（**図表 11.7**）．層別の分析も可能です．

11.2 P7かんたんプランナーの内容　　183

図表 11.7　ポジショニング分析のメニュー

使用する評価項目と総合評価は自由な組合せを選べます．

商品名の入っている変数名を指定

データセットに結果を保存するとExcelで表示できます．

層別分析の指定

〈結果〉

個々のマップを1つずつ拡大して表示することも，結果をまとめて表示することもできます(**図表 11.8**)．これらについてはダウンロード版のマニュアルを参照してください．

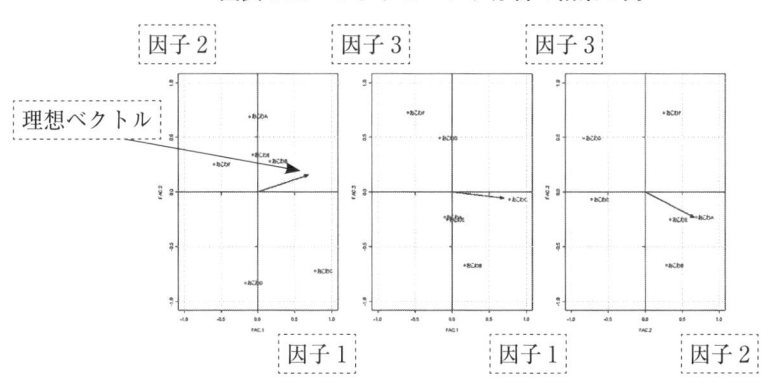

図表 11.8　ポジショニング分析の結果の例

理想ベクトル

因子2　　因子3　　因子3

因子1　　因子1　　因子2

(4)　コンジョイント分析

〈メニュー〉

基本的には，属性(総合評価を入れない)，総合評価項目(1つ)，を指定するだけです(**図表 11.9**)．層別の分析も可能です．

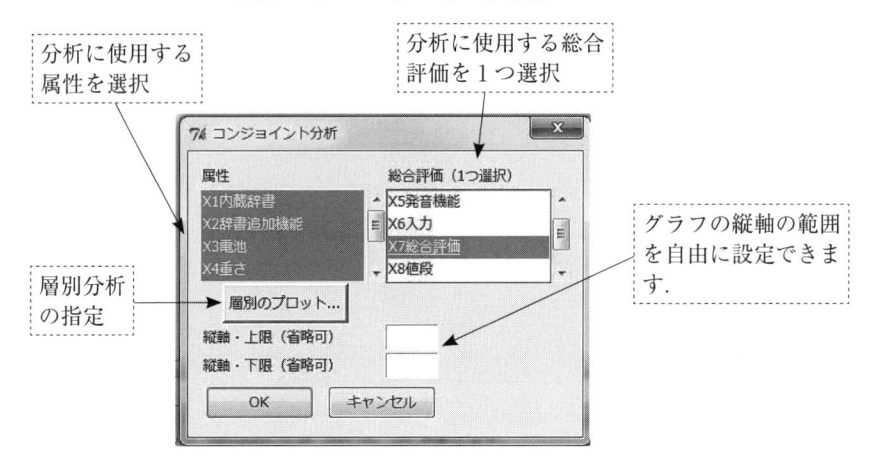

184　第 11 章　分析ソフト「P7 かんたんプランナー」

図表 11.9　コンジョイント分析のメニュー

分析に使用する属性を選択

分析に使用する総合評価を1つ選択

層別分析の指定

グラフの縦軸の範囲を自由に設定できます．

〈結果〉

P7 かんたんプランナーでのコンジョイント分析の例は**図表 11.10** で，Excel での例は**図表 11.11** です．

図表 11.10　コンジョイント分析の結果の例(総合評価＝「買いたい」)

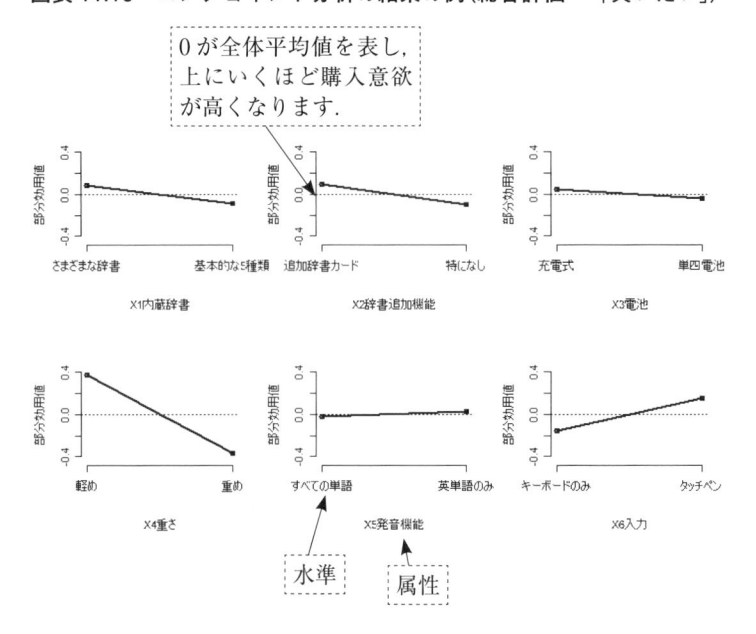

0 が全体平均値を表し，上にいくほど購入意欲が高くなります．

水準

属性

11.2 P7かんたんプランナーの内容

図表 11.11　Excel で描いたコンジョイント分析の結果の例

(総合評価 =「買いたい」)

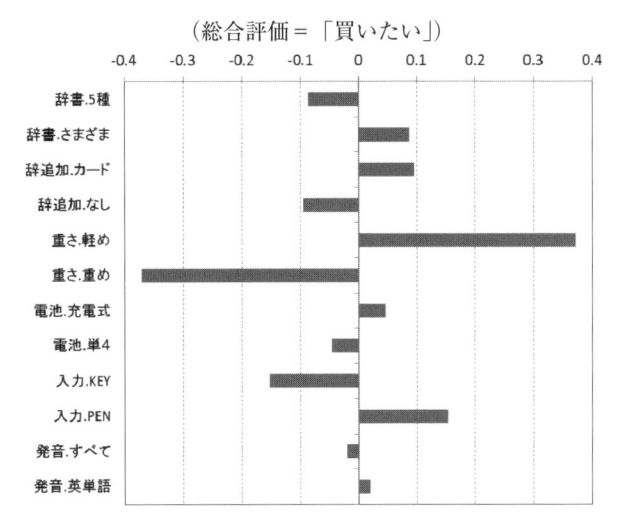

辞書.5種	(負)
辞書.さまざま	(正)
辞追加.カード	(正)
辞追加.なし	(負)
重さ.軽め	(大きな正)
重さ.重め	(大きな負)
電池.充電式	(正)
電池.単4	(負)
入力.KEY	(負)
入力.PEN	(正)
発音.すべて	(負)
発音.英単語	(正)

第12章

次へのステップ

12.1 実践への知恵

　本章では，P7を実践し，展開するためにヒントになるような事項を長年の経験にもとづいて若干補足します．なお，以下の内容はNeo P7と従来のP7で共通のことも多いので，その場合は特に区別せずにP7と記します．

(1) 社内導入について

　個人や企画グループなどで実施するのは明日にでも始めてほしいのですが，社内の部署などで組織的にP7を活用するのには，次に挙げるような，やりやすい面と，少しやりにくい面があります．やりにくい面には対処する方法があります．

〈やりやすい面〉

- システマティックで，説得力がある

　　商品企画で困っていない企画部署，会社はまず，ありません．良い方法，妙案を皆さんが求めています．ですから，誰をも，説得しやすいのです．しかも，従来の方法に比べて論理的でシステマティックですから，強い説得力があります．

- 実績が多数ある

　　多数のヒット商品に彩られてきた手法です．自動車・化粧品・食品・文具・家電・日用品などの消費財はもとより，BtoBの生産財商品，

サービスに至るまで活用されています．その無尽蔵ともいうべき幅広さは手法の本質的な正しさを物語っています．
- 入りやすい

　アイデア発想法，インタビュー調査，アンケート調査などの導入しやすい一般向きの手法があるので，これらを前面に出すことで，どなたでも「入りやすい」という印象をもっていただけます．

〈少しやりにくい面〉
- 時間がかかりそう

　改良型商品企画ならば，必ずしも全部を使う必要はありません．インタビュー調査，アンケート調査，ポジショニング分析あたりでかなり成功すると思われます．**付録 A.1.1** で解説する CS ポートフォリオも有効です．問題はまったく新規の商品企画で，これはフルセットで P7 を使用したら，3 カ月はどうしても必要です．他の業務も行いながら，ということが多いでしょうから，通常は半年ほしいところです．ただし，成果は確実に上がりますから，拙速で失敗の多い方式とどちらが良いか，という価値判断になります．重要な新規商品はじっくりしっかりやって，他はとりあえず簡略型で，という選択が現実的かもしれません．

- 費用がかかりそう

　これも時間の問題と同じで，「安く」は成功率を下げることになります．例えば，最も費用のかかるアンケート調査を知己や社員に依頼すれば，無料で回答を集めることができます．予備的な試行調査ならそれでもかまいませんが，本格調査では極めて危険です．一般の人たちの意見が担当者の事前の予想（期待？）を裏切ることはしばしば起こります．やはり「安物買いの銭失い」は真理です．P7 では，アンケート調査とコンジョイント分析で 2 回アンケートをとります．お勧めは調査会社による Web アンケートで，かなり良い対象者と精度を期待できます．高額と思われる場合は回答者数と質問数を絞ることです．

- 解析手法が難しそう

　これは，本書で学ぶことで，また，12.2 節で紹介する手段でさらに学習することで正しい方法を理解し，実践して身につけていただくこと

が近道です．難しそうに見えるだけで，やってみるとPCやソフトがあるおかげで，そう困難なことではありません．文系学生，事務営業系の人でも十分に活用できます．

- 上司が理解しなさそう

　これが実際には最も多く，困難な障害です．直ちに成果が上がりそうならば，「面倒」「時間がかかる」「費用がかかる」「今の社員ではうまくできなさそう」といった異論は一掃できます．皆さんが説得してもなかなか動いてくれない，それは具体的かつ正確に効果を示すことが困難だからです．その場合は一度私に直接ご相談ください．

(2) 生産財・B to B 産業の皆様へ

3.1節(2)に書きましたように，B to B の場合，取引先の意向の範囲内で仕事をすることはもうやめましょう．

「このような大きなニーズがあり，エンドユーザーはこういう商品を望んでいることを当社は立証しました．御社と協業してこの商品を実現しましょう」という提案を取引先に行うことができれば，世界中のたくさんの会社とビジネスができるようになります．

今までエンドユーザーと接したり市場調査をした経験がなくても心配無用です．P7というわかりやすいルートマップがありますから，これに沿って実施すれば，失敗することは，まずありません．

(3) サービス産業の皆様へ

サービス産業でもP7は極めて有効です．サービスは「目に見えない商品」であり，「人の心理やサービス時の状況が深く関与する」商品が多々ありますが，目に見えてわかる設備や顧客に明示するサービスシステムの改善でかなり顧客の購買意欲が高まるものです（分野にもよりますが）．例えば，売上げが低迷していたレストランが内装とメニューを一新することで大幅に改善することはしばしばあることです．

サービスが製造品と大きく異なるのは，特許などの知的財産面の権利を取得しにくい点です．権利を得ても，似たもの，変形版が出やすい分野です．これ

に対する対処法は，最初から高度なアイデアや真似できないサービスの方法を創出することです．

そこには「自社の(差別化できる)強みは何か」という問いかけを行い，その強みを存分に発揮したり，伸ばしたりできる方法論を考案することです．目標は「他社の2倍」です．20％くらい高くても顧客は認識しません．2倍の速さ，2倍の上質感，2倍の癒し……．

(4)　中小企業の皆様へ

上記(2)(3)のどちらかに当てはまる会社が圧倒的に多いので，まずそちらの項の内容を理解してください．

中小企業の皆様は経営者のアイデアと決断(悪くいえば独断)に依存することが多いので，経営者をいかに説得できるかが大きな鍵になります．それにはいかに効果的かを強く示さないといけません．経営者の方々は自分のやってきた経験に強く依存し，しかもそれにこだわっています．突き崩すには，上記(1)と同様に，予想効果を明示できるといいですね．

また，中小企業の方々で特に抵抗感があるのは調査です．まったく未知の経験だからです．しかし，意外なほど低価格で短納期です．

12.2　学びの機会

P7 や Neo P7 を学んでいただく方法は，本書のみではありません．また，本書だけでは実践面でどうしても不足が起きます．ゴルフ，テニス，写真，英会話などの教則本をいくら読んでも上手になれないのと同じで，実際に使ってみて理解し，活用の勘どころを体得していただきたいのです．そのためのいくつかの学びの機会を以下に紹介します．詳細は各 Web サイトをご参照ください．なお，すべての情報は執筆時点のものです．

　① 成城大学 学部(講義・ゼミナール)・大学院・生涯学習
　② 商品企画士講座・検定試験
　③ 日本科学技術連盟・商品企画七つ道具セミナー
　④ ドリームプランナー

(1) 成城大学

① 経済学部経営学科神田ゼミ：2年次からゼミに所属し，3年がかりで商品企画のスペシャリストを養成します．3年生では全員が産学協同研究を実施しています．

　〈参照先〉　神田ゼミ HP　http://www.kan-semi.com/
　〈問合せ先〉　上記 HP のトップページ「問合せ先」でメールソフトが開きます．または，直接神田まで　n-kanda@js5.so-net.ne.jp

② 経済学部「商品開発論」：学部専門科目の授業ですが，一般の方々には「聴講生」という制度があります（若干の費用がかかります）．3月下旬に申し込みが必要です．

　〈問合せ先〉　成城大学教務部教務課　kyomubu@seijo.ac.jp

③ 大学院経済学研究科経営学専攻・神田研究室：通常は2年間の「博士課程前期」で，1年次に幅広い専門科目を学びながら商品企画を研究，2年次から本格的にテーマを決めて商品企画や市場調査の応用事例，商品企画手法そのものの研究を行います．博士課程後期は3年以上かけて大きなテーマで新たな分野の研究に挑みます．

　〈問合せ先〉　神田ゼミ HP　http://www.kan-semi.com/
　　トップページ「問合せ先」でメールソフトが開きます．

④ 成城大学コミュニティ・カレッジ：一般の方々に向けた，いわゆる生涯学習プログラムで，毎年1回（土曜日 2〜3日間）私も開催しています．年によりスケジュールが異なりますので，お問い合わせください．初級レベルを楽しく学べます．

　〈問合せ先〉　成城大学企画調整課「学びの森」事務局
　　manabi@seijo.ac.jp

(2) 商品企画士講座と検定試験

「商品企画士」は，私が会長を務める「一般社団法人 日本マーケティング・リテラシー協会」が2012年秋から始めた商品企画に関する日本初の資格制度で，初級・上級・マスターの3つのグレードを設け，次のような実力レベルを認定するものです．

① 初級商品企画士：商品企画の基本的な考え方やスキルが身についているレベルです．
② 上級商品企画士：P7 をきちんと理解し，実践することができる（企業内で実際に活用することができる）レベルです．
③ マスター商品企画士：十分 P7 を応用でき，指導することができるレベルです．商品企画コンサルティングが可能となる強力な資格です．

各級ともにセミナーが開催されており，その受講が最も近道です．ただし，初級は筆記試験のみの受験が可能です．その条件は特にありません．

上級はいくつかの条件を満たした場合には，レポートのみでの受験が可能ですが，詳細は事務局にお問い合わせください．

〈参照先〉 日本マーケティング・リテラシー協会
　　　　http://p7.marketing-literacy.org/

(3) 日本科学技術連盟・商品企画七つ道具セミナー入門コース

2 日間の短期集中の P7 セミナーです．P7 かんたんプランナーを使用し，数名 1 グループで実習をしながら企画提案をまとめます．

〈参照先〉 日本科学技術連盟　http://www.juse.or.jp/
　　　　セミナー検索・一覧で「商品企画七つ道具」で検索

(4) ドリームプランナー

2005 年から始まった女性商品企画者の非営利の自己啓発団体で，毎年 30～40 名の業種も規模も多様な商品企画（あるいは開発，営業などの）担当者が成城大学に集まり，教室を借りて，5 月～翌年 3 月のほぼ 1 年がかりで月 1 回・土曜日に P7 の勉強会（私の講義・実習）＋グループでの実践学習（テーマを決めて商品企画を実践）を行っています．女性ならではのテーマと視点と豊かなアイデアがあり，企業から女性対象商品・サービスの企画依頼を受けて独自研究を行うことも実施してきました．

〈参照先〉ドリームプランナー　http://dreamplanner.jp/
　　　（会合の様子など最新情報は Facebook で「ドリームプランナー」で検索）
〈問合せ先〉 ドリームプランナー事務局　staff@dreamplanner.jp

付　録

手法の詳細

　ここには「必須ではありませんが，実施すると効果的な（時間があればやってほしい）内容」または「本文中に入れると冗長になって読みにくい，ややわかりにくい内容」を追記します．内容は大きく A.1「アンケート調査の分析」と A.2「コンジョイント分析」に分かれています．

A.1　アンケート調査の分析

A.1.1　CS ポートフォリオ（改善方向発見の手法）

　CS とは Customer Satisfaction（顧客満足）の略で，CS ポートフォリオとは，満足度データの分析でよく使われる手法です．各評価項目ごとのレベル（評価平均値）と重要度（総合評価への影響度）を計算し，2 次元の図に表現したものです．仮説のどの部分を改善すればよいかがわかるグラフで，スネークプロットとともに，非常に有用です．

　横軸は「重要度」で，各評価項目ごとに総合評価との相関係数（**A.1.2 項**を参照）を求めたもので，−1 から 1 までの値で，1 に近いほど総合評価と強い関連性があり，重要です．縦軸は各評価項目の平均値をとります．右下部分は重要ですが，評価が低いため「緊急改善項目」と判断します．

　図表 A.1.1 の例では，「サービス」「機能」「デザイン」（特にサービス）を改善しなければなりません．

　図表 A.1.2 の例では，使いやすい，わかりやすいの 2 項目（特に使いやすい）を優先的に改善しなければなりません．

　CS ポートフォリオは**図表 A.1.3** のように，

- 右下：要緊急改善（重要なのに，低い評価）

図表 A.1.1　CS ポートフォリオの例（概念）

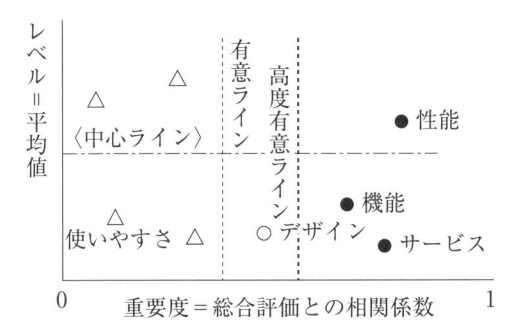

注）この図を各仮説ごとに作成して検討します．また，縦の「有意ライン」とは，有意水準 5%の相関係数の検定で有意（影響あり）と判定する基準線で近似的に $1.960/\sqrt{n-1}$（n は回答者数）で求めます．「高度有意ライン」は有意水準 1%の相関係数の検定で高度に有意（強く影響ありと断定できる）と判定する基準線で，近似的に $2.576/\sqrt{n+1}$ で求めます．
　n が大きくて有意なものばかり多数出現する場合は相関係数の平均値で代用します．また，横の中心ラインは各評価項目平均値の全平均，または 3.0（どちらともいえない）を用います．

を発見するためのツールですが，
- 左下：要改善だが急がない（重要ではないが，低い評価）
- 右上：現状維持（重要だが，高い評価）
- 左上：過剰品質の可能性（重要でないのに，高い評価）

という見方が可能です．

A.1.2　相関係数（2 項目の相関関係の指標）

　前項でも使った「相関係数」はあらゆるデータ分析で非常によく用いられる手法ですので，是非理解してください．
　2 つの項目 x と y（性能評価と総合評価，購入価格と満足度など，数値に限ります）の i 番目のペアのデータを x_i, y_i とします．項目 x と y の全体としての関連性の強弱を測るのが相関係数 r で，次の式で求めます．

$$r = \frac{V_{xy}}{s_x s_y}$$

ただし，V_{xy} は x と y の共分散といわれ，

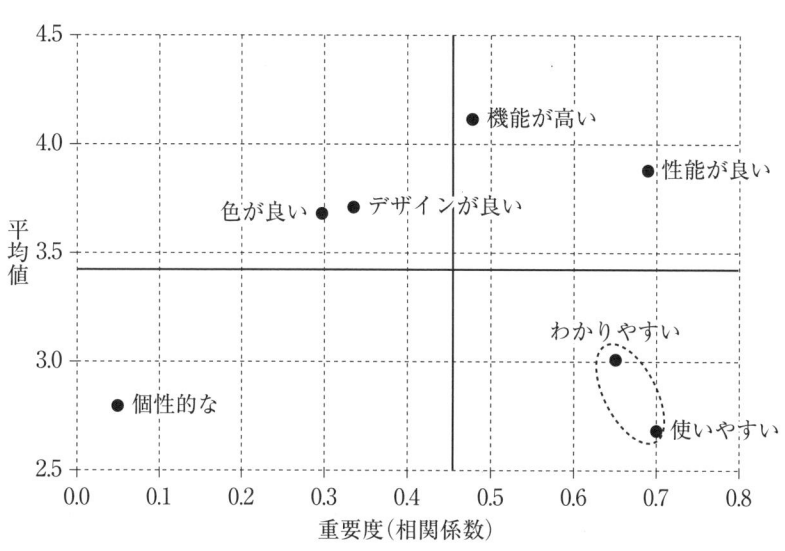

A.1　アンケート調査の分析　　　　　　　　　　　　　　　195

図表 A.1.2　CS ポートフォリオの例

縦軸：平均値（2.5〜4.5）、横軸：重要度（相関係数）（0.0〜0.8）

プロット：
- 機能が高い（重要度約0.55、平均値約4.1）
- 性能が良い（重要度約0.75、平均値約3.85）
- 色が良い（重要度約0.3、平均値約3.7）
- デザインが良い（重要度約0.35、平均値約3.7）
- わかりやすい（重要度約0.65、平均値約3.0）
- 使いやすい（重要度約0.7、平均値約2.7）
- 個性的な（重要度約0.05、平均値約2.8）

平均値の基準線：3.4 付近の水平線
重要度の基準線：0.45 付近の垂直線

注）図表 A.1.2 では，平均値の基準線は各評価項目平均値の全平均を，重要度の基準線も相関係数の平均を用いています．この場合，回答者数 = 100 名ゆえ，1％の高度有意ラインでも 0.256 となり，「個性的な」以外はすべて高度に有意（強く影響ありと断定できる）なので，あまり意味がありません．

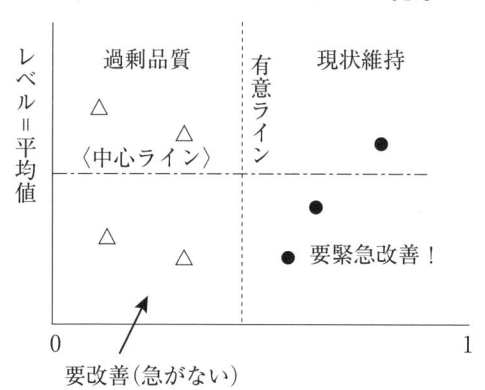

図表 A.1.3　CS ポートフォリオの見方

縦軸：レベル＝平均値
横軸：要改善（急がない）→
左上：過剰品質　　右上：現状維持
中央縦線：有意ライン
中央横破線：〈中心ライン〉
右下：要緊急改善！

$$V_{xy} = \frac{1}{n-1} \Sigma (x_i - \bar{x})(y_i - \bar{y})$$

で求められます．平均 $\bar{x}$, $\bar{y}$ の周囲にどのようにデータの点が分布しているかで，x と y の関連性を測る尺度です．n はサンプル数(人数)，Σ は1番から n 番までの和を表します．

s_x, s_y は x と y 各々の標準偏差(ばらつきの尺度)で，V_{xy} の大きさを調整して，r を -1 から 1 の範囲に収める役割を果たします．

図表 A.1.4 は相関係数 r の値によってどのように2項目の関係が変化するかを示しています．

　　　　$r > 0$　ならば正の相関(片方が上がれば他方も上がる)
　　　　$r < 0$　ならば負の相関(片方が上がれば他方は下がる)
　　　　$r = 0$　ならば(まったくばらばらの)無相関

の状態となっています．また，$r = 1$ のときは右に上がる完全な直線，$r = -1$ のとき

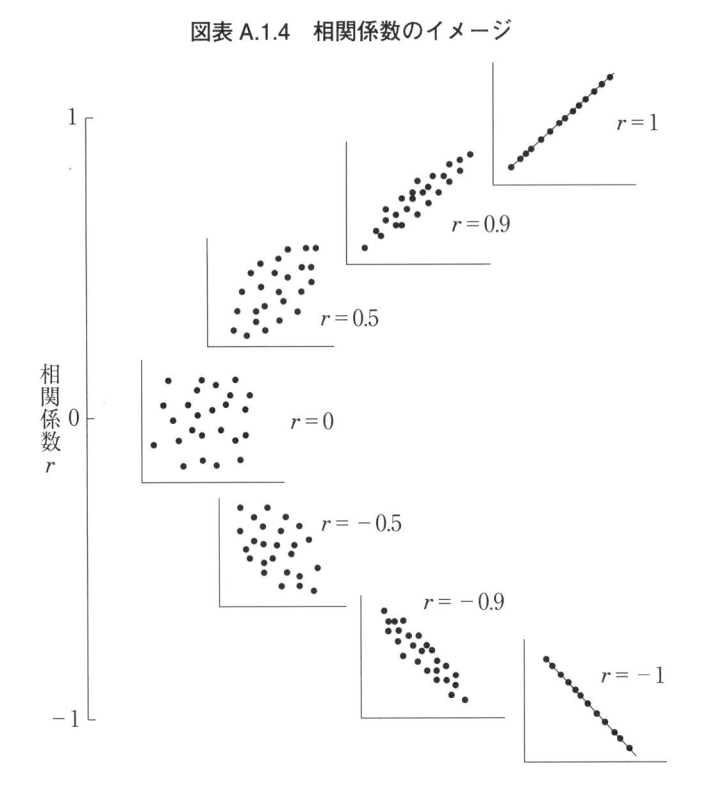

図表 A.1.4　相関係数のイメージ

A.1 アンケート調査の分析　　197

は右に下がる完全な直線の関係になっています．$r=\pm 1$ に近づくほど直線的に点が集まっています．つまり，相関係数は2項目の「直線的関係」の強弱の尺度なのです．

A.1.3　数量化Ⅲ類（関連性をマップ状に表す手法）

「数量化Ⅲ類」では，「カテゴリー数量マップ」と「サンプル数量マップ」の2つのマップを作成します．「カテゴリー数量マップ」では，項目（カテゴリー）間の関連が強いものが近くに，弱いものが遠くに配置される，とても便利なマップです．仮説への評価も取り上げると，評価と個人属性や個々の評価項目の高低との関係がわかります．

例えば，**図表 A.1.5** のマップでは性別，年齢，職業，総合評価，性能評価，デザイン評価の6項目の関係を一つにまとめて表示しています．ここから，以下のことが推

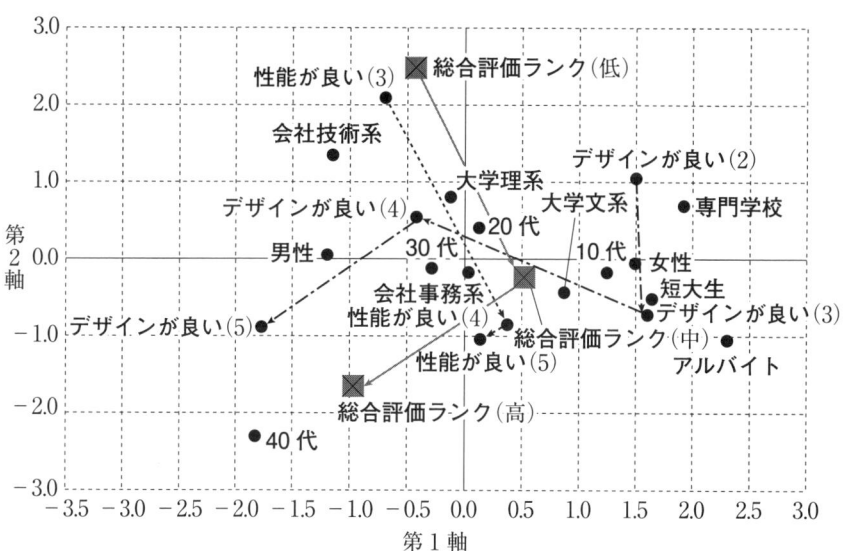

図表 A.1.5　数量化Ⅲ類による「カテゴリー数量マップ」の例

注）「性能が良い(3)」などは「性能が良い」という評価項目について5段階評価で3点の位置を表し，3種類の折れ線は総合評価，性能，デザインの各評価が上昇する方向を表しています．どの点も，接近するほど，同時に YES になりやすい（関連が強い）といえます．このように，段階評価と他の項目との関連性が一度に概観できるのが大きなメリットです．縦軸（上下軸）は総合評価の高低を表していて，横軸（左右軸）は男女と関係しているようです．ただし，このような意味づけは常に可能なわけではありません．

定できます.
- 総合評価(低・中・高)と性能の評価(3～5)は関連が強いが，総合評価とデザイン(2～5)の関連はあまりない.
- 男性，中年層で総合評価が高い.
- 女性，若年層はデザインへの評価が低い.
- 技術系，理系の人は性能への評価が低く，総合評価も低い.

A.1.4 クラスター分析(回答者の分類手法)

クラスター分析とは，類似した回答をする回答者を集めてクラスター(グループ)をつくる方法で，通常図表 A.1.6 のような樹形図(デンドログラム)で合成の状況と合成したときの距離を表します．距離の尺度や距離としてどこをどのように測るかでクラスター作成に種々の方法(オプション)があり，その組合せによって結果は一定ではありませんが，最も標準的なパターンは，
- 距離の尺度：標準ユークリッド平方距離(項目の単位・大きさなどと無関係)
- 距離の測定法＝ワード(ウォード)法(明快なクラスターができやすい)

の2つの組合せです．

図表 A.1.6 の例は 25 名の回答者を上記の方法でアンケート調査結果(評価データ)によりクラスター化したものです．大きく2つのクラスターに分かれ，下側のクラスターはさらに2つに分かれます．点線の箇所で上から 9 名，5 名，11 名の 3 クラスターに分割できます．

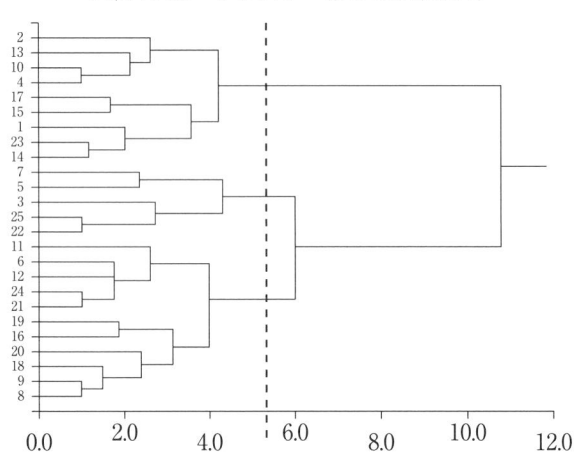

図表 A.1.6　クラスター分析の例(25 人)

人数はなるべくバランスがとれているほうが後で使いやすくなります．

　クラスター分析を行ってから，各クラスターの特徴を個人属性(男性・高齢者・管理職が多いなど)や評価点平均の高低，(ポジショニング分析における)因子得点平均の高低などから把握しておくと「どんな人が集まったクラスターか」判定でき，層別の分析に役立ちます．例えば，中年男性が多く機能評価と総合評価は低めとか，ブランド品を好み，価格が高くとも質の良い物は買うなどのクラスターの特徴がわかります．

　クラスター分析を行うには少なくとも2～3クラスターに分割しますので，図表A.1.6のような少人数ではなく，できれば100名以上の回答者が必要です．

A.2　コンジョイント分析

A.2.1　コンジョイント分析1 ——直交表の基礎

　直交表(直行ではありません！)の必要性と基礎的な使い方を述べます．

　総合評価をいくつかの要素(性能，デザイン，価格などの「属性」)で説明しようとしたとき，

　　　　総合評価＝平均値＋機能の影響度＋デザインの影響度＋…

のような(すべてを和で表せる)モデルを考えます．それを推定できれば各属性の重要度や，最良のパターンなどいろいろなことがわかり，また予測も可能になるので非常に大きなメリットがあります．

　コンジョイント分析は組み合わせたときの総合評価を聞いて各影響度を測るという方式で，機能，デザインなど個々の影響度を直接に尋ねることはしません．これは，組合せで聞いたほうが真の商品イメージに近いからで，個々に聞いたものを積み上げても商品全体の評価にはならないことが多いからです．ただし，全部の組合せを聞くのは(数が多くなって)無理なので，一部の組合せだけで済ませたいわけです．ここで問題が起こります．

　例を挙げます．目覚まし時計の機能とデザインで

　　機能1：普通のベルで起こす　　　機能2：アイドルの声で起こす
　　デザイン1：普通の角型　　デザイン2：うさぎ型

の各2水準があるとします．顧客にこれらの組合せ案の評価を聞く場合，

　　案A：(機能1，デザイン1)＝(ベル，角型)
　　案B：(機能1，デザイン2)＝(ベル，うさぎ型)
　　案C：(機能2，デザイン1)＝(アイドル，角型)
　　案D：(機能2，デザイン2)＝(アイドル，うさぎ型)

と平等に4案を聞かずに，

　　案A：(機能1，デザイン1)＝(ベル，角型)

案 D：(機能 2, デザイン 2) = (アイドル, うさぎ型)

だけを聞いて，案 D の評価が良いとなったとします(現実の場面ではこのようなごく少数の案に主観で絞っての評価がよく行われています)．しかし，このとき，評価が良い理由がアイドルの声なのか，うさぎのデザインなのか，知ることはできません．ベルと角型，アイドルとうさぎは完全に一体のもので，**図表 A.2.1** のように相関係数＝1 の状態で提示されているので，効果を分離して評価できないのです．さらに，「ベル，うさぎ型」や「アイドル，角型」の組合せがどうなるかはまったくわかりません．評価していない組合せにもっと素晴らしいものがあっても，個々の効果がわからない以上，予測自体が不可能なのです．

そこで登場するのが，直交表です．**図表 A.2.3** は L_8 直交表と呼ばれる最もシンプルなタイプです．なお，L は「ラテン方格」[1]の頭文字 Latin，8 は行の数を意味します．8 行のラテン方格という意味です．

直交表では，数字の種類を少なくして列を多数つくり，異なる 2 列で組み合わせた場合に (1, 1) (1, 2) (2, 1) (2, 2) がすべて同じ回数(L_8 では 2 回)ずつ現れるように工夫されています．例えば，**図表 A.2.4** に 2 つの列を適当に抜き出しましたが，すべてこの性質を満たしています．これが直交表です．

当然，先ほどの例のようなアンバランスは発生せず，数値とみなして相関係数を求めると，どの列どうしで組み合わせても 0(無相関！)になります．

具体的には列を属性，1 と 2 を水準の番号に対応させて使います．行方向の 8 つの

図表 A.2.1 効果を分離できない例

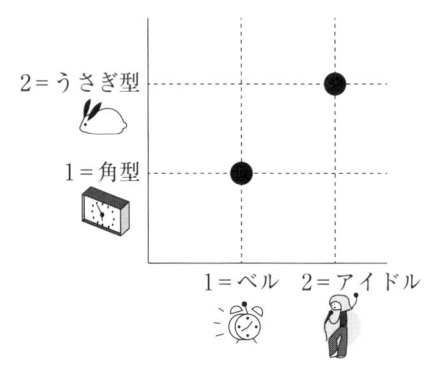

図表 A.2.2 ラテン方格の例

1	2	3
2	3	1
3	1	2

1	2	3	4
2	3	4	1
3	4	1	2
4	1	2	3

---

1) ラテン方格は「数独」などのゲームにも登場します．例えば，**図表 A.2.2** のように，3×3 や 4×4 のマス目に各々 1〜3，1〜4 の数字がどの行，列にも 1 回ずつ現れるバランスの良い配列です．

図表 A.2.3　L_8 直交表

サンプル No. ↓	1列	2列	3列	4列	5列	6列	7列
1	1	1	1	1	1	1	1
2	1	1	1	2	2	2	2
3	1	2	2	1	1	2	2
4	1	2	2	2	2	1	1
5	2	1	2	1	2	1	2
6	2	1	2	2	1	2	1
7	2	2	1	1	2	2	1
8	2	2	1	2	1	1	2

図表 A.2.4　L_8 直交表の異なる 2 列の例

1列	4列
1	1
1	2
1	1
1	2
2	1
2	2
2	1
2	2

3列	6列
1	1
1	2
2	2
2	1
2	1
2	2
1	2
1	1

2列	7列
1	1
1	2
2	2
2	1
1	2
1	1
2	1
2	2

注）横に見ると (1, 1)(1, 2)(2, 1)(2, 2) がすべて 2 組ずつになっています．

組合せが具体的なサンプルになります．最大 7 属性を割り当てることができます．7 つの属性を 2 水準ずつ動かして簡単に，すべて無相関にサンプルをつくれることは素晴らしい特長です．

　図表 A.2.5，図表 A.2.6 は L_8 直交表に具体的に 7 属性・2 水準ずつを割り当てた例

図表 A.2.5　L_8 直交表の活用例（肉まんの属性と水準）

属性	具の種類	肉の種類	皮の種類	大きさ	価格	小麦	レンジ対応
第1水準	1種類	豚肉	白	普通 4個入	400円	国産	普通
第2水準	2種類	鶏肉	4色	プチ 8個入	500円	外国産	簡易蒸し器

図表 A.2.6　L_8 直交表の活用例（肉まんの割り当て）

サンプルNo.	具の種類	肉の種類	皮の種類	大きさ	価格	小麦	レンジ対応
1	1種類	豚肉	白	普通 4個入	400円	国産	普通
2	1種類	豚肉	白	プチ 8個入	500円	外国産	簡易蒸し器
3	1種類	鶏肉	4色	普通 4個入	400円	外国産	簡易蒸し器
4	1種類	鶏肉	4色	プチ 8個入	500円	国産	普通
5	2種類	豚肉	4色	普通 4個入	500円	国産	簡易蒸し器
6	2種類	豚肉	4色	プチ 8個入	400円	外国産	普通
7	2種類	鶏肉	白	普通 4個入	500円	外国産	普通
8	2種類	鶏肉	白	プチ 8個入	400円	国産	簡易蒸し器

です（肉まんの事例）．総当たりでサンプルをつくると

$$2 \times 2 \times \cdots \times 2 = 2^7 = 128 \text{ 通り}$$

も必要ですが，わずか8通りのサンプルの評価ですべての属性・水準の効果を測ることができます．

　回答者にこれら8サンプルの評価点（または購入希望価格など）を尋ね，その値を目的変数，属性を説明変数とする「数量化Ⅰ類」のモデルを適用すると，**図表 A.2.7** の

図表 A.2.7 コンジョイント分析の結果の例（肉まんの効用値）

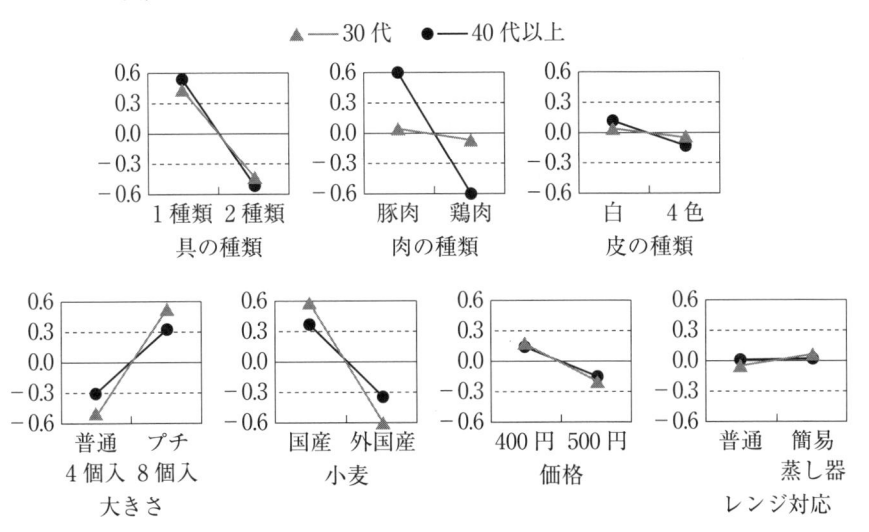

▲ ── 30代   ● ── 40代以上

（具の種類：1種類／2種類）
（肉の種類：豚肉／鶏肉）
（皮の種類：白／4色）
（大きさ：普通4個入／プチ8個入）
（小麦：国産／外国産）
（価格：400円／500円）
（レンジ対応：普通／簡易蒸し器）

図表 A.2.8 L_9 直交表

サンプル No. ↓	1列	2列	3列	4列
1	1	1	1	1
2	1	2	2	2
3	1	3	3	3
4	2	1	2	3
5	2	2	3	1
6	2	3	1	2
7	3	1	3	2
8	3	2	1	3
9	3	3	2	1

注） 3水準が4列，サンプル数9．

図表 A.2.9　L_{16} 直交表

サンプル No. ↓	1列	2列	3列	4列	5列	6列	7列	8列	9列	10列	11列	12列	13列	14列	15列
1	1	1	1	1	1	1	1	1	1	1	1	1	1	1	1
2	1	1	1	1	1	1	1	2	2	2	2	2	2	2	2
3	1	1	1	2	2	2	2	1	1	1	1	2	2	2	2
4	1	1	1	2	2	2	2	2	2	2	2	1	1	1	1
5	1	2	2	1	1	2	2	1	1	2	2	1	1	2	2
6	1	2	2	1	1	2	2	2	2	1	1	2	2	1	1
7	1	2	2	2	2	1	1	1	1	2	2	2	2	1	1
8	1	2	2	2	2	1	1	2	2	1	1	1	1	2	2
9	2	1	2	1	2	1	2	1	2	1	2	1	2	1	2
10	2	1	2	1	2	1	2	2	1	2	1	2	1	2	1
11	2	1	2	2	1	2	1	1	2	1	2	2	1	2	1
12	2	1	2	2	1	2	1	2	1	2	1	1	2	1	2
13	2	2	1	1	2	2	1	1	2	2	1	1	2	2	1
14	2	2	1	1	2	2	1	2	1	1	2	2	1	1	2
15	2	2	1	2	1	1	2	1	2	2	1	2	1	1	2
16	2	2	1	2	1	1	2	2	1	1	2	1	2	2	1

注）2水準が15列，サンプル数16．

ような効用値を得ることができます（この例では年代別に分析しています）．

　直交表は**図表 A.2.8〜A.2.10**のように多数つくられており，例えばL_9やL_{18}を使えば3水準をいくつか直接に割り当てることが簡単にできます．しかし，4水準を使ったり，**第8章**のお茶の例のように

　　味・香り：4水準　　濃さ：3水準　　ラベルデザイン：4水準
　　ボトル：2水準　　　渋み：2水準　　カフェイン：2水準
　　おまけ：2水準

のように3・4水準の混合形（しかも複雑！）を使おうとすると，次項のような工夫が必要です．

図表 A.2.10　L_{18} 直交表

サンプルNo. ↓	1列	2列	3列	4列	5列	6列	7列	8列
1	1	1	1	1	1	1	1	1
2	1	1	2	2	2	2	2	2
3	1	1	3	3	3	3	3	3
4	1	2	1	1	2	2	3	3
5	1	2	2	2	3	3	1	1
6	1	2	3	3	1	1	2	2
7	1	3	1	2	1	3	2	3
8	1	3	2	3	2	1	3	1
9	1	3	3	1	3	2	1	2
10	2	1	1	3	3	2	2	1
11	2	1	2	1	1	3	3	2
12	2	1	3	2	2	1	1	3
13	2	2	1	2	3	1	3	2
14	2	2	2	3	1	2	1	3
15	2	2	3	1	2	3	2	1
16	2	3	1	3	2	3	1	2
17	2	3	2	1	3	1	2	3
18	2	3	3	2	1	2	3	1

注）　第1列は2水準，他は3水準が7列，サンプル数18．

A.2.2　コンジョイント分析2 ──直交表の応用：3〜4水準の入れ方
A.2.2.1　3〜4水準の入れ方 その1：シンプルな L_8 直交表

　問題は「3〜4水準を入れても相関係数＝0となる割り当てができるか」ということです．これにはこのコンジョイント分析での直交表活用の基礎となっている「実験計画法」という手法のなかに「多水準作成法」「擬水準法」という便利な方法がありますので，それを紹介します．

図表 A.2.11　L_8 直交表に 4 水準を割り当てた例

サンプル No. ↓	1, 2, 3 列	4 列	5 列	6 列	7 列
1	1	1	1	1	1
2	1	2	2	2	2
3	2	1	1	2	2
4	2	2	2	1	1
5	3	1	2	1	2
6	3	2	1	2	1
7	4	1	2	2	1
8	4	2	1	1	2

　まず，結果をご覧ください．**図表 A.2.11** は，L_8 直交表の第 1 列～第 3 列をまとめて 1～4 水準を入れたものです．

　第 3 列は第 1 列，第 2 列とその「交互作用列」というもので，第 1 列と第 2 列の組合せによる効果を表します．この 1～3 列のような 3 列を発見して 4 水準にすると，**図表 A.2.11** での 5 つの列どうしの相関係数 = 0 となり，うまく割り当てができます．

　ここでの 4 水準の指定法は，

```
    1列   2列       水準
     1    1    ⇒    1
     1    2    ⇒    2
     2    1    ⇒    3
     2    2    ⇒    4
```

となります．

　3 水準は上記の第 1 列～第 3 列の 4 つの水準のどこか 2 つを併合して 3 水準にすればよいのです．例えば，**図表 A.2.12** のように 3 水準をつくっても，相関係数 = 0 になります．

　この場合，3 つの水準の間にサンプル数の上ではアンバランス（他の水準の 2 倍）が生まれますが，相関係数 = 0 は変わりません．サンプル数を多くとる水準は重要な水準，効果をよりしっかりと推定したい水準にするとよいでしょう．残りの 2 水準の属性は余った列のどれか（任意です！）に入れます．どの 2 水準列がいい，という差異はありません．

図表 A.2.12　3水準の作成法の例

1, 2, 3列	1, 2, 3列	1, 2, 3列
1	1	1
1	1	1
2	2	2
2	2	2
3	2	3
3	2	3
3	3	1
3	3	1

　最後の問題は3～4水準を入れる3列(2つの列とその交互作用列)の発見ですが，L_8 直交表の場合は3～4水準は実は原理的に1つしか入りませんので，**図表 A.2.11** の第1列～第3列のみを使ってください．3～4水準を2つ以上使いたい場合は

　　4水準あれば　　⇒　L_{16} 直交表(**A.2.2.2 項**を参照)
　　3水準のみなら　⇒　L_9 直交表，L_{18} 直交表(**A.2.2.3 項**を参照)

がお勧めです．

A.2.2.2　3～4水準の入れ方 その2：オールマイティな L_{16} 直交表

　L_{16} 直交表はオールマイティで，ほとんどのケースに対応できます．
　前述のような3～4水準を入れる3列は最大5通りまでとれます．実際に使う場合は，次の**図表 A.2.13～A.2.17** のなかから3～4水準の属性の数で選んで使用してください．いずれも4水準の列は**図表 A.2.12** のように，3水準に変更して使うことができます．
　4水準を適当に3水準化すると，「まったく同じサンプル(行)」ができてしまうことがありますので，上下の行をよく点検してください(**図表 A.2.18** が失敗例です)．このような場合，2水準の列を別のものを使うことで解決できます．**図表 A.2.18** の例の場合，2水準を第6，第7列以外の列に割り当てると，直ちに解決します(**図表 A.2.19**)．

A.2.2.3　2～3水準のみの場合の入れ方：L_9 直交表と L_{18} 直交表

　2水準のほかに3水準のみがあって4水準がない場合は，L_9 直交表(**図表 A.2.8**)ま

図表 A.2.13　L_{16} 直交表で 3・4 水準を 1 つ使う場合

サンプル No. ↓	1, 2, 3 列	4列	5列	6列	7列	8列	9列	10列	11列	12列	13列	14列	15列
1	1	1	1	1	1	1	1	1	1	1	1	1	1
2	1	1	1	1	1	2	2	2	2	2	2	2	2
3	1	2	2	2	2	1	1	1	1	2	2	2	2
4	1	2	2	2	2	2	2	2	2	1	1	1	1
5	2	1	1	2	2	1	1	2	2	1	1	2	2
6	2	1	1	2	2	2	2	1	1	2	2	1	1
7	2	2	2	1	1	1	1	2	2	2	2	1	1
8	2	2	2	1	1	2	2	1	1	1	1	2	2
9	3	1	2	1	2	1	2	1	2	1	2	1	2
10	3	1	2	1	2	2	1	2	1	2	1	2	1
11	3	2	1	2	1	1	2	2	1	1	2	2	1
12	3	2	1	2	1	2	1	1	2	2	1	1	2
13	4	1	2	2	1	1	2	1	2	2	1	2	1
14	4	1	2	2	1	2	1	2	1	1	2	1	2
15	4	2	1	1	2	1	2	2	1	2	1	1	2
16	4	2	1	1	2	2	1	1	2	1	2	2	1

たは L_{18} 直交表(図表 A.2.10)が便利です．4 水準を 3 水準に変えたやり方とまったく同様に，これらの 3 水準の列は，どれも 2 水準に変えて使っても相関係数＝0 の関係が維持されますので，2～3 水準のみの場合には簡単に活用できます．例えば，

	変更前		変更後		変更前		変更後		変更前		変更後
	1	⇒	1		1	⇒	1		1	⇒	1
	2	⇒	1		2	⇒	2		2	⇒	2
	3	⇒	2		3	⇒	1		3	⇒	2

のように 3 水準を 2 水準に変更します．

図表 A.2.14　L_{16}直交表で 3・4 水準を 2 つ使う場合

サンプルNo. ↓	1, 2, 3 列	4, 8, 12 列	5 列	6 列	7 列	9 列	10 列	11 列	13 列	14 列	15 列
1	1	1	1	1	1	1	1	1	1	1	1
2	1	2	1	1	1	2	2	2	2	2	2
3	1	3	2	2	2	1	1	1	2	2	2
4	1	4	2	2	2	2	2	2	1	1	1
5	2	1	1	2	2	1	2	2	1	2	2
6	2	2	1	2	2	2	1	1	2	1	1
7	2	3	2	1	1	1	2	2	2	1	1
8	2	4	2	1	1	2	1	1	1	2	2
9	3	1	2	1	2	2	1	2	2	1	2
10	3	2	2	1	2	1	2	1	1	2	1
11	3	3	1	2	1	2	1	2	1	2	1
12	3	4	1	2	1	1	2	1	2	1	2
13	4	1	2	2	1	2	2	1	2	2	1
14	4	2	2	2	1	1	1	2	1	1	2
15	4	3	1	1	2	2	2	1	1	1	2
16	4	4	1	1	2	1	1	2	2	2	1

図表 A.2.15　L_{16} 直交表で 3・4 水準を 3 つ使う場合

サンプル No. ↓	1, 2, 3 列	4, 8, 12 列	5, 10, 15 列	6 列	7 列	9 列	11 列	13 列	14 列
1	1	1	1	1	1	1	1	1	1
2	1	2	2	1	1	2	2	2	2
3	1	3	3	2	2	1	1	2	2
4	1	4	4	2	2	2	2	1	1
5	2	1	2	2	2	1	2	1	2
6	2	2	1	2	2	2	1	2	1
7	2	3	4	1	1	1	2	2	1
8	2	4	3	1	1	2	1	1	2
9	3	1	3	1	2	2	2	2	1
10	3	2	4	1	2	1	1	1	2
11	3	3	1	2	1	2	2	1	2
12	3	4	2	2	1	1	1	2	1
13	4	1	4	2	1	2	1	2	2
14	4	2	3	2	1	1	2	1	1
15	4	3	2	1	2	2	1	1	1
16	4	4	1	1	2	1	2	2	2

図表 A.2.16　L_{16} 直交表で 3・4 水準を 4 つ使う場合

サンプル No. ↓	1, 2, 3 列	4, 8, 12 列	5, 10, 15 列	7, 9, 14 列	6 列	11 列	13 列
1	1	1	1	1	1	1	1
2	1	2	2	2	1	2	2
3	1	3	3	3	2	1	2
4	1	4	4	4	2	2	1
5	2	1	2	3	2	2	1
6	2	2	1	4	2	1	2
7	2	3	4	1	1	2	2
8	2	4	3	2	1	1	1
9	3	1	3	4	1	2	2
10	3	2	4	3	1	1	1
11	3	3	1	2	2	2	1
12	3	4	2	1	2	1	2
13	4	1	4	2	2	1	2
14	4	2	3	1	2	2	1
15	4	3	2	4	1	1	1
16	4	4	1	3	1	2	2

図表 A2.17　L_{16} 直交表で 3・4 水準を 5 つ使う場合

サンプル No. ↓	1, 2, 3 列	4, 8, 12 列	5, 10, 15 列	7, 9, 14 列	6, 11, 13 列
1	1	1	1	1	1
2	1	2	2	2	2
3	1	3	3	3	3
4	1	4	4	4	4
5	2	1	2	3	4
6	2	2	1	4	3
7	2	3	4	1	2
8	2	4	3	2	1
9	3	1	3	4	2
10	3	2	4	3	1
11	3	3	1	2	4
12	3	4	2	1	3
13	4	1	4	2	3
14	4	2	3	1	4
15	4	3	2	4	1
16	4	4	1	3	2

A.2 コンジョイント分析

図表 A.2.18　L_{16} 直交表での割り当て（失敗例）

サンプル No. ↓	1, 2, 3列	4, 8, 12列	5, 10, 15列	6列
1	1	1	1	1
2	1	2	2	1
3	1	3	3	2
4	1	3	3	2
5	2	1	2	2
6	2	2	1	2
7	2	3	3	1
8	2	3	3	1
9	3	1	3	1
10	3	2	3	1
11	3	3	1	2
12	3	3	2	2
13	4	1	3	2
14	4	2	3	2
15	4	3	2	1
16	4	3	1	1

注）4水準1つ，3水準2つ，2水準1つ使用．4水準を3水準化するとき，第4水準を3に変えましたが，サンプル No.3 と4，No.7 と8 がまったく同一に．

図表 A.2.19　L_{16} 直交表での割り当て（失敗例への対策）

サンプル No. ↓	1, 2, 3列	4, 8, 12列	5, 10, 15列	6列	7列	9列	11列	13列	14列
1	1	1	1	1	1	1	1	1	1
2	1	2	2	1	1	2	2	2	2
3	1	3	3	2	2	1	1	2	2
4	1	3	3	2	2	2	2	1	1
5	2	1	2	2	2	1	2	1	2
6	2	2	1	2	2	2	1	2	1
7	2	3	3	1	1	1	2	2	1
8	2	3	3	1	1	2	1	1	2
9	3	1	3	1	2	2	2	2	1
10	3	2	3	1	2	1	1	1	2
11	3	3	1	2	1	2	2	1	2
12	3	3	2	2	1	1	1	2	1
13	4	1	3	2	1	2	1	2	2
14	4	2	3	2	1	1	2	1	1
15	4	3	2	1	2	2	1	1	1
16	4	3	1	1	2	1	2	2	2

注）　2水準を第6列または第7列に割り当てるとサンプル No.3と4, No.7と8がまったく同一ですが，第9・11・13・14列のどれかに割り当てれば大丈夫です．

参 考 文 献

〈総論・テキスト〉

[1] 神田範明, 今野勤, 岡本眞一, 大藤正(1994):「商品企画七つ道具の提案」, 『第1回 TRG シンポジウム要旨集』, 日本科学技術連盟.

[2] 神田範明(1994):『商品企画の新たな展開に向けて—商品企画七つ道具の提案』(品質月間テキスト No.244), 品質月間委員会.

[3] 神田範明, 岡本眞一, 大藤正, 今野勤, 長沢伸也(1995):「商品企画のシステム化について—「商品企画七つ道具」の提案—」, 『日本品質管理学会第49回研究発表会要旨集』, pp.13-16.

[4] 神田範明 編著(1995):『商品企画七つ道具—新商品開発のためのツール集』, 日科技連出版社.

[5] 神田範明(1998):「売れる新商品を企画する7つの手法」, 『日経ビジネス』, Vol.930, pp.57-60, 1998年3月2日号.

[6] 神田範明・樋口正美(1998):『共創時代の商品企画ガイド—ヒット商品を生む7つ道具』, 産能大学出版部.

[7] 神田範明(1998):「商品企画七つ道具による商品企画システム」. TQM 委員会 編著, 『TQM—21世紀の総合「質」経営』, 日科技連出版社, pp.214-227.

[8] 神田範明(1999):「深慮実践・感動商品への道」(連載全9回), 『日経産業新聞』.

[9] 神田範明(2000):「ヒット商品づくりの最強方程式」, 『経営者』, Vol.54, No.5, pp.46-49.

[10] 神田範明(2000):『ヒットを生む商品企画七つ道具 はやわかり編』(商品企画七つ道具実践シリーズ第1巻), 日科技連出版社.

[11] 神田範明 編著(2000):『ヒットを生む商品企画七つ道具 よくわかる編』(商品企画七つ道具実践シリーズ第2巻), 日科技連出版社.

[12] 神田範明 編著(2000):『ヒットを生む商品企画七つ道具 すぐできる編』(商品企画七つ道具実践シリーズ第3巻), 日科技連出版社.

[13] 神田範明 編(2004):『顧客価値創造ハンドブック—製造業からサービス業・農業まで感動を創造するシステム』, 日科技連出版社.

[14] 神田範明(2006):「商品企画七つ道具」. 日経ものづくり 編, 『ものづくりの教科書 革新のための7つの手法』, 日経BP社, pp.121-164.

[15] 神田範明 監修, 石川朋雄・小久保雄介・池畑政志(2009):『商品企画のための統計分析—Rによるヒット商品開発手法』, オーム社.

[16] 神田範明(2010):「商品企画・開発編 商品企画七つ道具(P7)」. 日経ものづく

り編,『実践ものづくりイノベーション―商品企画・開発・生産現場の組織力を高める』,日経BP社,pp.149-175.
[17] 神田範明(2013):「Neo P7(新・商品企画七つ道具)の提案―創造的商品企画のための新たなプロセス」,『日本品質管理学会第101回研究発表会要旨集』,pp.99-102.

〈Neo P7 各論・Rソフトウェア〉

[18] 百々大和(2012):「商品企画における仮説発掘手法の開発―日記調査手法の新たなる展開」,成城大学大学院経済学研究科修士学位論文.
[19] 小久保雄介(2013):「商品企画における仮説創出手法の開発と活用に関する研究―サービス産業の商品企画プロセスの体系化を目指して」,成城大学大学院経済学研究科博士学位論文.
[20] 小久保雄介・神田範明 他(2005~2011):「新商品企画のための仮説発掘手法への試み」(その2~6),『日本品質管理学会研究発表会要旨集』.
[21] 讃井純一郎・乾正雄(1986):「レパートリー・グリッド発展手法による住環境評価構造の抽出:認知心理学に基づく住環境評価に関する研究(1)」,『日本建築学会計画系論文報告集』,Vol.367.
[22] 讃井純一郎(1995):「ユーザーニーズの可視化技術」,『企業診断』,1995年1月号,pp.31-38.
[23] 神田範明 他(1990~1998):「アンケート調査とその解析に関する一考察 I~Ⅷ」,『日本品質管理学会年次大会要旨集』.
[24] 神田範明・小久保雄介・池畑政志・石川朋雄(2009):「Rを用いた商品企画システムの提案」,『日本品質管理学会第89回研究発表会』.
[25] 神田範明・小久保雄介・石川朋雄(2013):「Rを用いた商品企画ソフトウェアの開発」,『日本品質管理学会第101回研究発表会要旨集』,pp.103-106.

索　引

［英数字］

B to B　　30, 147
B to C　　30, 147
CSポートフォリオ　　193
L_8直交表　　200
L_9直交表　　207
L_{16}直交表　　207
L_{18}直交表　　208
Market Research　　15
Marketing Research　　15
Neo P7　　22
P7かんたんプランナー　　177
QFD　　24, 135
R　　178

［ア　行］

アイデア　　vii
アイデア選択法　　27
アイデア発想法　　23
アナロジー（類比）　　61
　――発想法　　23, 49, 58
アンケート調査　　24, 85
一般質問　　88
因子得点　　102
因子負荷量　　102
因子分析　　102
インタビュー調査　　24
右脳的方法　　22

［カ　行］

下位概念　　81
回帰係数　　106
価格での効用値　　129
仮説　　vii
仮説発掘アンケート　　23, 32, 41
仮説発掘法　　23, 31
仮説評価質問　　89
カテゴリー数量　　121
　――マップ　　197
神田研究室　　1
神田ゼミ　　191
感動　　12
　――商品　　11, 18
キーワード　　61
技術特性展開表　　138
技術特性の重要度　　140
擬水準法　　205
期待項目展開表　　138
期待項目の重要度　　139
逆設定　　59
共通因子　　102
共通性　　105
共分散　　194
寄与率　　103
クラスター分析　　133, 198
グループインタビュー　　24, 70
クロス集計　　95
購入意向　　121
　――予測値　　124, 129
効用値　　121
誤差　　87
固有値　　103
コンジョイント分析　　24, 111, 199

コンセプト　　vii

[サ 行]

最大誤差　　87
最適水準　　121
讃井純一郎　　78
左脳的方法　　22
サンプリング　　86
サンプル数　　87
サンプル数量マップ　　197
市場調査　　15
システマティックな商品企画　　12
システム　　12
実験計画法　　205
シナリオ　　72
ジャンプ　　68
重回帰分析　　106
自由記述　　90
集計　　95
重要度比率　　108
上位概念　　81
常識　　58
焦点発想法　　23, 49
商品　　vii
商品企画士　　191
　　上級——　　192
　　初級——　　192
　　マスター——　　192
商品企画七つ道具セミナー入門コース
　　192
新・商品企画七つ道具　　22
水準　　112
数量化Ⅲ類　　197
スクリープロット　　104
ストップ　　68

スネークプロット　　96
制限回答　　91
生産財メーカー　　147
成城大学コミュニティ・カレッジ
　　191
製品　　vii
潜在ニーズ　　12
相関係数　　125, 194
　　——行列　　103
　　——の有意性　　125
総合評価項目　　92
創造性　　12
層別の分析　　110
属性　　112

[タ 行]

ターゲット層　　6, 29
多水準作成法　　205
多変量解析　　90
単一回答　　91
単一型　　112
段階評価　　91
単純集計　　95
中間アイデア　　51
直交表　　199
定性的手法　　21
定量的手法　　21
データ入力形式　　93
電話調査　　86
統計的検定　　125
独自性　　12, 105
ドリームプランナー　　192

[ナ 行]

日本科学技術連盟　　192

索　引

ネット調査　86

[ハ行]

バッテル記念研究所　63
範囲　125
評価グリッド法　24, 78
評価項目　81
標準フォーマット　36
標準偏差　196
標準ユークリッド平方距離　198
標本抽出　86
品質機能展開　24, 135
品質表　24, 135
フェイスシート　90
フォト日記調査　23, 32
複合型　112
複数回答　91
プリコード(選択回答)方式　90
ブレインストーミング　63
ブレインライティング　23, 49, 64
並列型　112
ポジショニング分析　24, 101
ホリゲル　63

[マ行]

マーケター　10
マーケティング　9
満足商品　12
モデレーター　71
問題点　60

[ヤ行]

有意性　125
郵送法　86
予備アンケート　87

[ラ行]

ラダーリング　81
ラテン方格　200
ランダム(無作為)サンプリング　86
量的検証　7
累積寄与率　103

[ワ行]

ワード(ウォード)法　198

◆著者紹介

神田　範明(かんだ のりあき)
1949 年　東京都生まれ
1974 年　東京工業大学工学部経営工学科卒業
1979 年　同大学院博士課程修了(単位取得退学)
同　年　東京外国語大学講師
1984 年　名古屋商科大学助教授，教授
1993 年　成城大学経済学部経営学科教授(同大学院経済学研究科教授を兼務)
　専門は商品企画，市場調査，統計解析，品質管理．システマティックな手法「商品企画七つ道具」を開発普及させ，多くの企業と産学協同研究を行い，ヒット商品企画の指導に従事．日経品質管理文献賞(3回受賞)．社団法人日本品質管理学会 元理事・副会長．

【主な著書】
『商品企画七つ道具—新商品開発のためのツール集』『商品企画七つ道具実践シリーズ(全3巻)』『顧客価値創造ハンドブック—製造業からサービス業・農業まで 感動を創造するシステム』(共著含む，日科技連出版社)，『共創時代の商品企画ガイド』(共著，産能大学出版部)，『ものづくりの教科書 革新のための7つの手法』(分担執筆，日経BP社)．

神田教授の商品企画ゼミナール
Neo P7 ヒット商品を生むシステム

2013 年 8 月 23 日　第 1 刷発行
2021 年 6 月 24 日　第 6 刷発行

　　　　　　　　　　　　　　著　者　神田　範明
　　　　　　　　　　　　　　発行人　戸羽　節文

　　　　　　　　発行所　株式会社日科技連出版社
　　　　　　　　〒 151-0051　東京都渋谷区千駄ケ谷 5-15-5
　　　　　　　　　　　　　　DSビル
　　　　　　　　　　　　電話　出版　03-5379-1244
　　　　　　　　　　　　　　　　営業　03-5379-1238

検印省略

Printed in Japan　　印刷・製本　㈱シナノパブリッシングプレス

Ⓒ Noriaki Kanda 2013
ISBN978-4-8171-9484-8
URL http://www.juse-p.co.jp/

本書の全部または一部を無断でコピー，スキャン，デジタル化などの複製をすることは著作権法上での例外を除き禁じられています．本書を代行業者等の第三者に依頼してスキャンやデジタル化することは，たとえ個人や家庭内での利用でも著作権法違反です．